伊能忠敬
歩いてつくった日本地図

国松俊英

岩崎書店

まえがき

　江戸時代の終わりころ、1821（文政4）年に「大日本沿海輿地全図」という地図がつくられた。海岸線にそって、日本列島の形をあらわした図という意味になる。伊能忠敬と彼を支える人たちによってつくられ、実測によってつくられた日本ではじめての地図となった。

　この地図は「伊能図」と呼ばれたが、誤差が少なくて、とても正確につくられていた。そのため、政府による日本全国の三角測量を終える昭和のはじめまで使われたのである。

　伊能忠敬は、1745（延享2）年に上総国小関村（千葉県九十九里町）で生まれ、下総国佐原村（千葉県香取市）の商家に婿入りした。そして商売のかたわら、天文学や算術などを勉強し、49歳で商売を長男にゆずった。50歳になって江戸に出て、天文学者・高橋至時の弟子となったのである。

　55歳のとき、蝦夷地（北海道）へ測量の旅に出ることになった。この旅で、忠敬と弟子たちが歩いたのはぜんぶで180日、歩いたぜんぶの距離は約3,200kmだった。測量した記録をもとに、奥州街道と蝦夷地東南部沿岸の地図をつくった。それが幕府のみとめるところとなり、第2次測量の旅に出ることがゆるされた。第5次からは、伊能隊の測量は幕府の仕事となった。隊員の数もふえ、内陸を手分けして細かく測量する旅となった。第1次では伊能隊は6人だったが、第5次では20人の大きなものになった。こうして忠敬は、17年間をかけて第10次まで測量の旅をつづけた。

　伊能忠敬と伊能隊が測量のために歩いた全距離は約43,707kmとなる。地球一周は約40,000kmだから、伊能隊は地球一周以上を歩いたことになる。

　地球一周以上歩いて測量をし、「大日本沿海輿地全図」をつくった伊能忠敬はどんな人だったのだろう。

　第1次から第10次までの測量の旅は、どんなところを歩き、どんな内容のものだったのだろう。江戸時代には、現代のようなすぐれた正確な測量器具はなかった。伊能隊は、どんな測量器具を使い、どのように測量したのだろう。そして、忠敬はどのようにして正確な日本地図をつくったのか。

　伊能忠敬の人となり、彼の10回にわたる測量の旅の内容、地図づくりのやり方、忠敬を支えた人たちなどをさぐっていこう。

国松俊英

『伊能忠敬 歩いてつくった日本地図』 目次

まえがき……………2

1章 江戸時代にはどんな地図がつくられていたか…………4

2章 伊能図とはどのような地図か…………8

3章 地図づくりを始めるまでの忠敬…………12

4章 日本全国を測量する＜東日本編＞…………20

5章 測量、観測の道具と使い方…………30

6章 日本全国を測量する＜西日本編＞…………40

7章 忠敬はこのように地図をつくった…………52

8章 忠敬を支えた人たち…………56

9章 伊能図はその後どうなったか…………60

伊能忠敬 年表…………64

さくいん…………66

1章 江戸時代にはどんな地図がつくられていたか

幕府が大名に命じて地図づくりを始めた

　日本列島を描いた地図でいちばん古いものは、僧の行基がつくった「行基図」といわれる。鎌倉時代の1305（嘉元3）年につくられたもので、かんたんで素朴な日本図だった。山城国（京都）を中心にして、東海道など7つの街道を描いた日本図となっている。

　安土桃山時代には、「行基図」より進んだ日本図がつくられたと思われるが、残っていない。

　江戸時代になり、徳川幕府は各地の大名に命じて、国の図、城下の図、おもな街道の図などをつくらせた。国の図は「国絵図」と呼ばれ、慶長期、正保期、元禄期、天保期の4度つくられた。正保期に諸国提出の国絵図をもとに、兵学者・北条氏長が「正保日本総図」をつくった（P.5）。日本全体の輪かくがととのっていて、川や湖、沼、街道もきちんと描かれている。伊能忠敬の日本地図にはおよばないが、かなり正確につくられ、よく描かれていた。

　江戸時代の中期になってからは、ふつうの人びとが買って使う日本図が出版されるようになった。日本図として最初に刊行されたのが、「本朝図鑑綱目」である。江戸時代中期の1687（貞享4）年に、浮世絵師だった石川流宣がつくって

1 正保国絵図（和泉国絵図／写）

幕府が各地の藩*のようすを知るためにつくらせた地図。手描きの大きな地図で、1国1枚描かれた。1里＝6寸*で描かれ、縮尺*は2万1600分の1だった。

（神戸市立博物館所蔵）

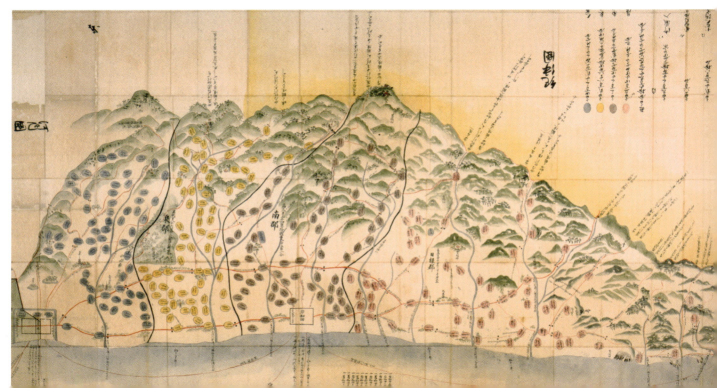

1章　江戸時代にはどんな地図がつくられていたか

出した。「大日本大絵図」と呼ばれた（P.6）。大型の日本図だが、本州、四国、九州の形は、かなりくずれていて、面積も正しくない。けれど、宿駅・里数・神社・城下町・大名の石高までくわしく描かれている。人びとが神社や寺へ参詣する旅に利用するのには、便利な地図だった。

江戸時代後期の1779（安永8）年に、長久保赤水の「改正日本輿地路程全図」が出た（P.6）。この地図の特色は、京都を中心として方位をあらわす経線（たて線）と緯線（よこ線）が入っていることだ。10里（40km）を1寸（約3cm）という縮尺を使ったのも、日本で最初だった。しかし、少しだけ測量してつくっていて、全国にわたって測量してつくった地図ではない。そして江戸時代の終わりになって、伊能忠敬の「大日本沿海輿地全図」がつくられた。

少しゆがんでいるみたい

東北地方がまっすぐ立ったような形だ

だいぶ正確になった

2 正保日本総図

1644（正保1）年、幕府は全国の藩に命じて国絵図を提出させた。その10年後に「正保日本総図」が完成した。もとにした国絵図のゆがみをそのまま残した地図である。

（国立歴史民俗博物館所蔵）

やってみよう
昔の地図はほかにもあるよ。どんな地図があるのか、調べてみよう

＊ 藩＝江戸時代の日本は、全国が都道府県ではなく、藩に分かれていた。
＊ 1里、6寸＝10ページ参照。
＊ 縮尺＝地図は実際の長さを縮めて描いてある。その縮めた率をあらわす数字。

3 大日本大絵図

浮世絵師の石川流宣が描いた地図。形や面積は正確ではないが、どこにどんな国があるのか、どんな町があるのかをくわしく描いた地図だ。本州・四国・九州の形はかなりデフォルメしてある。

（神戸市立博物館所蔵）

> 地図というよりも、絵みたいだね

4 改正日本輿地路程全図

伊能忠敬の地図ができるまで、江戸時代でいちばん正確な地図は長久保赤水がつくった「改正日本輿地路程全図」だった。必要なところは測量したが、全国にわたって測量をしてつくった地図ではない。江戸時代の人びとがたくさん買って利用した地図だった。たて84cm×よこ135cm。おもな地名、街道、河川が描かれている。

（国立歴史民俗博物館所蔵）

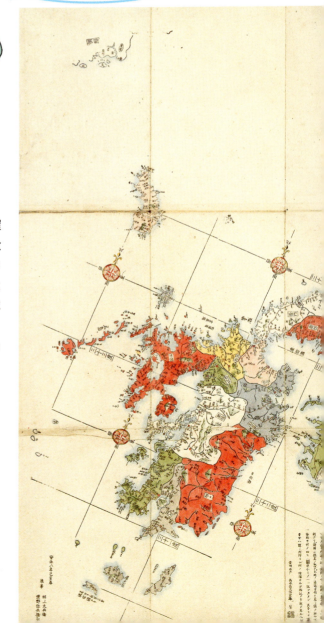

> 街道が描いてあるから、旅にもっていくには便利だった

1章　江戸時代にはどんな地図がつくられていたか

江戸時代も、庶民は旅に地図をもっていった

　江戸時代は、武士でも庶民でも自由に日本の各地を旅することはできなかった。しかし、大きな寺や神社を参詣する信仰の旅はゆるされていた。おもなものは、伊勢(三重県)の伊勢神宮、信濃(長野県)の善光寺、讃岐(香川県)の金刀比羅神宮へお参りする旅である。

　江戸時代の後期になると、信仰の旅がとてもさかんになり、伊勢神宮へお参りする旅が大人気だった。人びとは、伊勢に参ったあと、観光で京都、大坂へ足をのばした。帰りは中山道を通って信濃の善光寺にお参りした。

　そのため旅の案内記、旅の注意を書いた本、街道の浮世絵などが多く出版された。地図も出版された。人びとにいちばん人気があった地図は、長久保赤水の日本図である。

　江戸中期の地理学者、漢学者だった赤水は、20年かけて研究してこの日本図をつくった。6色刷りで、国、山川、道路が彩色されている。長州(山口県)の吉田松陰も使ったといわれ、幕末の志士＊の旅にも役立った。1779(安永8)年に初版が発行された。明治のはじめまで使われた。

＊江戸時代の終わりごろに、日本を変えようという志をもって活動した人びと。

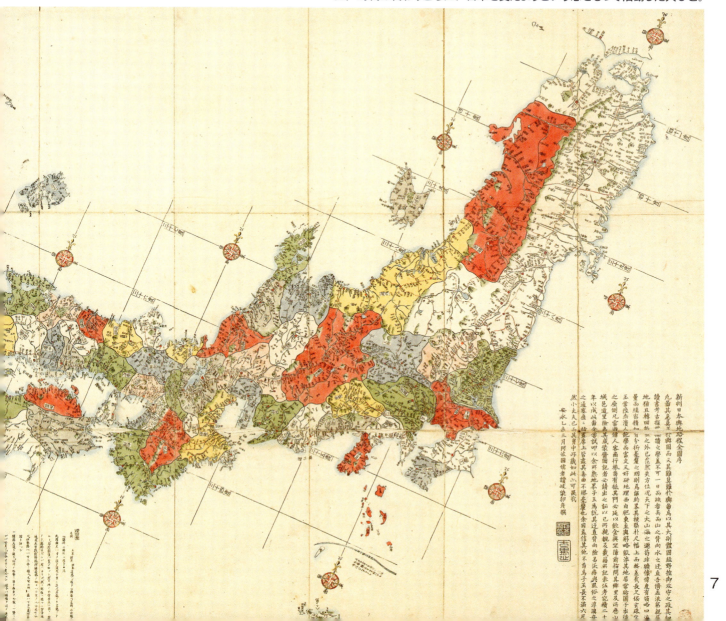

2章 伊能図とはどのような地図か

伊能忠敬は17年かけて歩き日本地図をつくった

伊能図とは、伊能忠敬がつくった日本地図のことをいう。正式な名前は、「大日本沿海輿地全図」である。日本ではじめて、実際に全国をきちんと測量してつくられた地図である。「輿地」とは、大地とか、地球全体という意味だ。

この地図は忠敬が亡くなって3年後に完成した。大図、中図、小図、計225枚からなっている。忠敬を隊長とする伊能隊は、225枚の地図制作の測量のために、17年かけて43,707kmを歩いた。その距離は地球1周の40,000kmをかるく超える。

伊能隊は、北海道、本州、四国、九州の海岸線と、全国のおもな街道をほとんど歩いた。そして伊豆の島々や九州の島々など、本土からはなれた島々も歩いている。海岸線には道などない場所が多い。そんなところも、手をぬくことがなく、その地形や距離をきちんと測量した。

土地の緯度や経度の測定のために、恒星をはじめ、日食、月食など天体観測もおこなった。

伊能図は、17年間の忠敬と彼を支えた人たちの汗と努力の結晶だった。

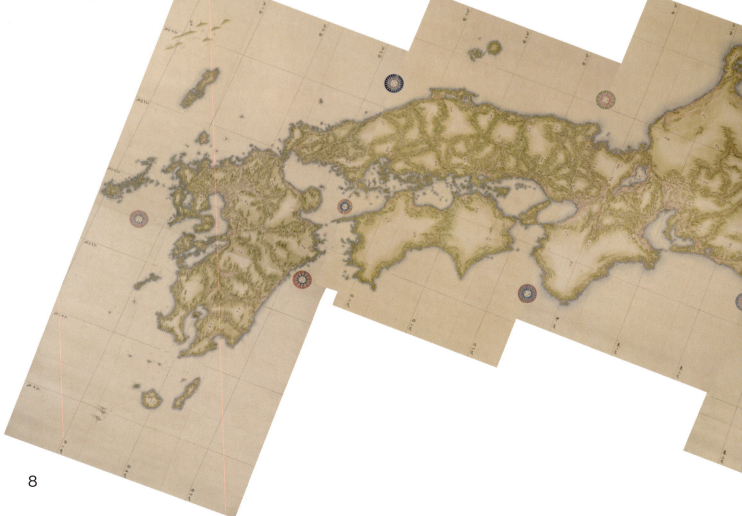

2章 伊能図とはどのような地図か

◀ 大日本沿海輿地全図

伊能図のいちばんの特徴は、実際に歩いて測ったデータをもとにつくったこと。ここに挙げた大日本沿海輿地全図は全部で8枚の「中図」（P.10参照）をつないである。1枚1枚が大きな紙に描かれていて、全部をつなぐと北から南まで7mにもなる。

（東京国立博物館所蔵）

現代の地図

みなさんが使っている地図はコンピュータで処理したあと印刷するなど、最新技術でつくられている。現代の地図づくりの方法はP.49参照。

（国土地理院／電子地形図「日本周辺図」より）

大図、中図、小図の3種類だった

忠敬がつくった伊能図は、ぜんぶ手描きである。大、中、小の3種類があり、大図214枚、中図8枚、小図3枚、計225枚からなっていた。

中図8枚をつなぐと、沖縄をのぞく日本列島全図となる。中図1枚のたての長さは、小さいもので1m60cmあり、大きいものは2m81cmもある。8枚をつなげると、北海道から九州まで7mのとても大きな日本地図となる（P.8〜9参照）。

大図は縮尺が36,000分の1で、中図は縮尺が216,000分の1、小図は縮尺が432,000分の1で描かれている。

忠敬は1818（文政1）年に亡くなった。けれど、友人の久保木清淵、幕府天文方の役人、忠敬の弟子たちが力を合わせて、伊能図を完成させた。

忠敬が亡くなって3年後の1821（文政4）年、「大日本沿海輿地全図」の計225枚と、「大日本沿海実測録」の14巻が幕府にさしだされた。

幕府におさめた伊能図は、1873（明治6）年5月に起きた皇居の火災でぜんぶ失われてしまった。けれど伊能家には、副本が残されていた。

大図 縮尺36,000分の1
1里（約4km）が約108mm（10cm8mm）

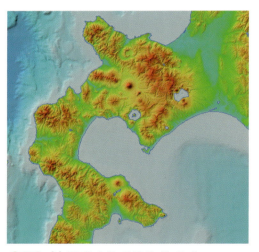

中図 縮尺216,000分の1
1里（約4km）が約18mm（1cm8mm）

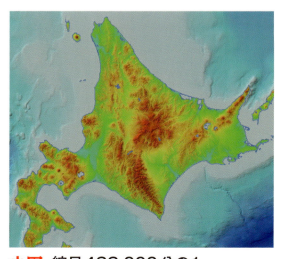

小図 縮尺432,000分の1
1里（約4km）が約9mm

知っておきたい

●昔と現代の長さの単位

江戸時代と現代では、長さをあらわす単位がちがう。昔の長さの単位は鯨尺といい、里、町、間、尺、寸であらわした。

1里＝36町＝約3.927km
1町＝60間＝約109m
1間＝6尺＝約1.82m
1尺＝約30.3cm
1寸＝約3.03cm

注意　大図、中図、小図は、地図を描く紙の大きさではありません。縮尺の大きさのことです。ここに示した図は大図・中図・小図のイメージで、伊能図の縮尺とはちがいます。（国土地理院「色別標高図」、海域部は海上保安庁海洋情報部の資料より）

2章 伊能図とはどのような地図か

やってみよう 地図をかさねてみよう

伊能図は、それまであった地図より、だいぶ正確につくられている。昭和のはじめごろまで、伊能図は部分的に使われていた。ためしに、現在使われている地図と伊能図をかさねて、海岸線のズレを見てみよう。ほとんどかさなることがわかるだろう。

伊能図の上に透ける紙（トレーシングペーパー）を置き、福島県から伊豆半島にかけての海岸線を赤い線でなぞる。

「日本じゅうを歩いてまわり、実際に測ってつくったのです」

現代の地図の上に、伊能図をなぞった紙をかさねてみる。2つの地図の線はほぼかさなる。ぴったりかさなるところもある。伊能図は海岸線を正確に記していることがわかる。

「およそ200年前につくられた地図なのに、すごく正確だ」

「いま、ぼくたちが使っている地図と、ほとんどかさなるね」

現在の地図をコピーする。福島県の沿岸から伊豆半島あたりまで、海岸線を青い線でなぞっておく。

（国土地理院／電子地形図「日本周辺図」改変）

3章 地図づくりを始めるまでの忠敬

伊能忠敬の少年時代

　伊能忠敬は、1745（延享2）年1月11日に上総国山辺郡小関村（いまの千葉県九十九里町）で生まれた。

　父は小関貞恒、母はミネ。小さいころの名は、三治郎といった。上に兄と姉がいて、3番目の子どもだった。

　6歳のときに母が亡くなり、婿養子の父は離縁されて、兄と姉をつれて実家の神保家に帰った。三治郎だけが叔父・叔母の家に残された。

　叔父の家は小関村の大きな網元（網子という漁師を使って漁をする経営者）で、名主をつとめていた。三治郎は寺子屋に通わせてもらい、帰ると家の仕事を手伝った。

　あるとき、網やかご、袋など漁具をしまう小屋の番をしていた老人が亡くなり、代わって仕事をする人が見つからない。三治郎は老人がやっていた仕事をずっと見ていたので、自分がやってもよいといった。叔父は子どもにできるか心配したが、イワシ漁の忙しい季節が始まる。少しの期間やらせてみようと、三治郎にやらせることにした。しかし三治郎は、漁具小屋の管理をしっかりやって、叔父をよろこばせたのだ。

　三治郎は算術がすきだった。寺子屋では算術

伊能忠敬が生まれたのは千葉県九十九里町。記念公園には石碑や銅像が建てられている。

三治郎が少年時代を過ごした家の跡は、生誕250年を記念して公園になった。

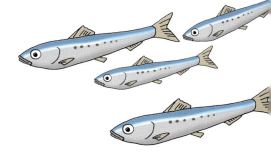

九十九里はイワシ漁がさかんな土地。「いわし資料館」には漁のようすがわかるような展示がある。

3章　地図づくりを始めるまでの忠敬

を習うときは、生き生きしていた。夜になると、漁具小屋の外に出て、よく星をながめていた。北の星を支点にして、星たちがゆっくり動いていくのを見るのはおもしろかった。

10歳のある日、父がむかえに来て、実家にもどることができた。

その後、常陸国（茨城県）の寺へ行って、住みこんで寺の中と庭の掃除、飯たきの仕事をした。夜は、住職から算術やソロバンを教えてもらった。算木を使ってやる計算もすぐに覚えた。

16歳になって、父親が常陸国土浦の医者に住みこんで、手伝う仕事を見つけてきた。医者の仕事ははじめてで、とても興味深かった。患者の病気を見たてるところを観察し、薬の調合の仕方を覚えようとした。薬草を集めて乾燥させ、すりつぶして調合するのが仕事となった。土浦に来て1年がたった日、父親から手紙が来て、そこにはすぐ家にもどれと書いてあった。家に帰ると、思いがけない話が待っていた。

下総国佐原村（千葉県香取市）の商人の家、伊能家へ婿として来てほしいというのだ。伊能家は、佐原あたりでは知らないものがいない一流の旧家だ。娘のミチは、婿をもらって結婚したのだが、その婿は2年後に亡くなった。主人が不在となり、親せきの者が家業を支えていた。けれど商売はよこばいで、なかなか上向きにならない。そこで新しい主人をむかえ、家業をさかんにしたいと考えた。婿をさがしていたら、神保家の三治郎がよいということになり、話がもちこまれたのだった。

イワシ漁は江戸時代にはすでにさかんだった。

お寺に住みこみ、住職から算術やソロバンを教えてもらった。三治郎は算術が大好きになり、いっしょうけんめい勉強した。

漁は朝早くから始まる。三治郎は、漁に使う道具の数や、もっていった人をよく覚えていたので、小屋の管理を任された。

伊能家の婿となる

1762(宝暦12)年、17歳の三治郎は伊能家の婿養子となった。伊能家は、佐原村の大地主で、酒づくり、米の売買、川船での運送業などをやっている、古い大きな商家だった。

「伊能家の名前にはじないよう、一生懸命に働くぞ」。忠敬はちかった。

江戸時代の佐原村は、関東地方でも有数の大きな村だった。村の中心部を流れている小野川から利根川をさかのぼって、水路を下れば江戸に行ける。それで江戸へ物資を運ぶための足場として、佐原村は栄えていたのだ。

忠敬は伊能家の商売に力をそそいだ。酒づくりや米の売買だけでなく、金融業にも手を出して成功した。そして、いまのお金で50億円の資産をつくった。

36歳で佐原村本宿組の名主*となった。村が大水害に見舞われても、懸命に救済につくした。38歳のとき、浅間山が大噴火し、洪水が起こり、天候不順で大凶作となった。全国で大飢饉

伊能忠敬記念館。小野川をはさんで、忠敬の家(旧宅)の向かいにある。1998(平成10)年に開館した。
(2点とも/伊能忠敬記念館)

忠敬が住んでいた佐原村の家(旧宅)。

忠敬は、災害で困っている村人に、米や金、薬などを配り、とても感謝された。

*村のいろいろなことをみる村長のような役目の人。

3章　地図づくりを始めるまでの忠敬

となり、とくに関東や東北地方はきびしい状況だった。忠敬はたくわえた米やお金を困っている人に分けあたえた。その後も凶作で村に困った人が出たとき、米や金をあたえ、休業や店じまいしようとする質屋、米屋をたすけたのである。佐原村では、打ちこわしは起きなかった。42歳で、やっと大きな危機をのりこえた。

忠敬は伊能家にきたときから、すきな学問をしたいという気持ちをもっていた。天明の飢饉をのりこえると、にわかに学問をやりたいという気持ちが強くなってきた。天文学や暦学をもいきりやりたかったのだ。

49歳で隠居がみとめられ、忠敬は家督を長男にゆずった。そして50歳になった忠敬は江戸に出た。

やってみよう
浅間山がどこにあるか、いまの地図を見てみよう

現在の浅間山。いまも噴火が続いている活火山。

▼ 浅間山噴火の絵

1783（天明3）年、浅間山が大噴火。噴火の灰が空をおおい、日の光がさえぎられて農作物が育たなくなった。その後何年も凶作がつづき、人びとは飢えに苦しんだ。東北地方では死者が数十万人になったという。
（浅間山夜分大焼之図／美斉津洋夫氏所蔵）

天文暦学者・高橋至時の弟子となる

1795（寛政7）年5月、佐原村から出てきた忠敬は、江戸の深川黒江町（東京都江東区門前仲町）に住んだ。落ちつくと、入門したい先生をさがすことにした。すると、幕府が新しい暦づくりのために、大坂からまねいたすぐれた学者がいることがわかった。

大坂の天文暦学者・麻田剛立の塾にいた若い学者で、高橋至時といった。

「天文暦学を学びたいのなら、この人しかいないでしょう」

紹介してくれた人はいった。

麻田剛立は、九州、豊後藩（大分県）の藩主の侍医だったが、独学で天文学の研究をつづけていた。しかし医師の仕事が忙しくて、天文学に打ちこめない。それで、ひそかに藩をぬけ出して大坂に行った。そこで町医者をしながら、天文暦学の勉強をつづけ、天文暦学の塾をひらいた。その塾ではすぐれた弟子が何人も育ったが、そのひとりが高橋至時だった。

幕府では、いまの暦を新しい暦に変える仕事、改暦を麻田剛立にやってほしいとたのんだ。けれど麻田は、高齢なので優秀な弟子をすいせんしたいといい、高橋至時と間重富を江戸に送り出したのだった。

1795（寛政7）年7月、忠敬は幕府の暦局につとめる高橋至時をたずね、入門させてほしいとたのんだ。至時は困ったような顔をした。

そのとき、忠敬の年齢は50歳である。そんな年になって、本格的に学問を始めようという人はいない。

「天文暦学は、かんたんに身につくものではありません。それをちゃんと理解するためには、とてもきびしい勉強が必要です。体力もいります。忠敬どのの年齢を考えれば、いまから学問を始めるより、ゆうゆうと好きな人生を楽しまれたほうがよいのではないでしょうか」

至時は、隠居した金持ちのだんなが、趣味で勉強をしたいのだろうと思った。それで、入門は断ろうと考えていた。

しかし忠敬は、真剣な顔でいった。

「私は若いころから、ずっと学問を志していま

自分よりずっと年下の先生に、弟子にしてほしいと頭を下げてたのんだ。その熱意がみとめられ、天文学を学べることになった。

3章　地図づくりを始めるまでの忠敬

した。けれど仕事が忙しくて、まったく学問をする時間がとれませんでした。いまからやりたいのです。西洋の進んだ天文暦学を、ぜひお教えください」

至時はもう一度いった。

「あなたのお気持ちはわかりました。しかし天文暦学というのは、とても高度で、むずかしい学問です。天文暦学の本を読みこなしたりできますでしょうか」

至時はそばにあった天文暦学の本を1冊取り上げ、その本の内容について質問した。忠敬は、その本を独学で学んでいたので、質問に正しく答えることができた。

さらに至時はいくつか質問したが、忠敬の答えはちゃんとしたものだった。話しているうちに、忠敬の学問をやりたいという熱意が、至時に伝わった。

「あなたが学びたいという気持ちは、よくわかりました。私が直接お教えすることにいたしましょう」

忠敬は、至時の弟子として入門することをゆるされた。至時31歳、忠敬50歳のとき。19も年がはなれた師と弟子だった。

至時は熱心に講義をおこなった。忠敬は、毎日新しいことを学べる喜びにふるえ、生き生きとして学問に取り組んだ。

そのうち、太陽や月、星、地球の動きを自分でも確かめたいと思うようになった。至時といっしょに大坂から出てきた間重富が、天体の観測について教えてくれた。必要な観測器具についても指導してくれた。

少しずつ観測器具がそろっていき、忠敬の家は小さな天文台となった。

昼は太陽の高さを調べ、夜になると星の位置や動きを調べた。天体の観測はとてもおもしろい。忠敬は、新しい世界に夢中になって毎日過ごしていた。

忠敬が使っていたとされる、赤道北恒星図。どのように使っていたかは、よくわかっていない。（伊能忠敬記念館所蔵）

葛飾北斎の「鳥越の不二（富士）」という絵には、当時、浅草にあった天文台が描かれている。高橋至時はここに住んでいた。絵に描かれている丸いものは天球儀。

（国立国会図書館所蔵／葛飾北斎「富嶽百景」より）

17

地球の大きさを知りたい

この時代、地球が丸いことは知られていたが、大きさについてはだれもわかっていなかった。

どうすれば、地球の大きさを知ることができるのか。至時は地球の図を見せて教えてくれた。「地球の北極から南極までを結び、一周する線を引けば、円になりますね。その長さを知ることができれば、地球の大きさもわかるのです」

地球にごばんの目もりをつけ、その一目もりを測る。その南北の目もりが緯度で、その一目もり、緯度１度ぶんの長さを知ることができれば、地球一周の長さも計算できるというのだ。そのためには、まず２つのはなれた地点で緯度を調べ、つぎに２つの地点の緯度のちがいと２つの地点の距離を調べて計算する。そうやれば、緯度１度ぶんの距離が出てくるのである。

「地球の大きさを知りたい」という至時の気持ちが伝わってきた。忠敬は緯度１度ぶんの距離は、自分が調べあげて至時に教えたいと思った。

●緯度と経度　知っておきたい

地球に縦横の線を引き、位置を示す目もりの数字

緯度：南北の目もり
経度：東西の目もり

地球１周で緯度は３６０度
地球１周で経度は３６０度

地球１周の長さも求められる
緯度１度ぶんの距離×３６０

北極は緯度９０度

経度０度の線を子午線という。イギリスのグリニッジ天文台を通る線

赤道は緯度０度

▼緯度１度ぶんの距離の求め方

Aここの緯度を測る
あいだの距離を測る
Bここの緯度も測る

北極星は遠くにあって、どこから見ても真北になるので、北極星を目印にする。地平線から北極星までの角度を測れば、その角度は、その場所の緯度になる。２つの地点で緯度を測り、そのあいだの距離を測る。

求める式

AとBのあいだの距離÷AとBの緯度の差

測った数字を上の式にあてはめて計算すれば、緯度１度ぶんの距離が求められる。

3章　地図づくりを始めるまでの忠敬

緯度1度ぶんの長さを求める

　忠敬は、黒江町の自宅と浅草の暦局との、緯度のちがいをはっきりさせ、そのあいだの距離を調べようと考えた。そのあと計算して、緯度1度ぶんの長さを求めるのだ。

　暦局の緯度は出ていたので、自宅の緯度を星の観測で調べた。自宅と暦局の距離は、歩測で測ることにした。毎日練習し、1歩が約70cmの歩幅で歩けるようになった。何回も歩き、距離を出した。計算をして、緯度1度ぶんの長さが出た。

　その数値を見せると至時は、2つの地点の距離が短すぎる、もっと長い距離を測らないと正確な数字は出ない、といった。そのためには、江戸からずっと遠い地点まで行って、緯度と距離を測る必要があった。

　そのころ幕府は、ロシアなどから日本を守るため、蝦夷地（北海道）の正確な地図を必要としていた。

　至時は、幕府に蝦夷地の地図をつくることを願い出て、忠敬に蝦夷地までの測量をやってもらおうと考えた。幕府に熱心に働きかけると、測量の許可が出たのだった。

▼忠敬が歩いたルート

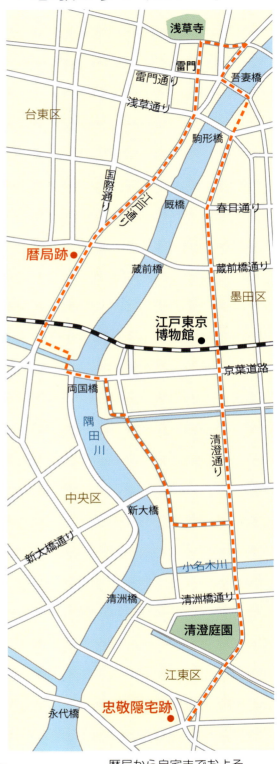

暦局から自宅までおよそ2.5km（図は現代の地図）。

忠敬が測量の第一歩をふみ出した深川の地には、忠敬の銅像が建っている。　（富岡八幡宮所蔵）

やってみよう
自宅から学校までの地図をつくってみよう

4章 日本全国を測量する　<東日本編>

第1次測量——蝦夷地への旅

　1800（寛政12）年閏4月19日。忠敬を隊長とする伊能隊6人は、江戸千住宿（東京都足立区北千住）から蝦夷地（北海道）に向けて出発した。

　千住宿から津軽半島の最北端の三厩までは、約800kmある。伊能隊は、ほとんど歩測（歩いて歩数で距離を測る）で測量しながら歩いた。

　船で蝦夷地に向かい、吉岡に上陸して、東へ測量しながら進んでいった。室蘭、白老、新冠と歩いていく。海岸線はきちんとした道はない。砂や小石、岩ばかりで、けわしい崖、満潮でわたれない浜があった。重い観測器具をかつぎ、苦しみながら進んでいった。わらじは破け、足から血が出た。夕方には、足が痛くて動かなくなった。その日の宿泊地をめざし、ふらふらになって歩いた。

　襟裳岬には道がなく、どうしても前に進めなかった。測量はあきらめた。それで、地図の襟裳岬のところには「不測量」と書き入れた。

　伊能隊は、昼間は歩測で距離を測量し、夜に宿泊地に着くと天体観測をした。天体観測は、緯度1度ぶんの長さを出すためにも、正確な地図をつくるためにも、たいせつな作業だった。

　8月7日には、根室の近くの西別（別海）に着いた。さらに東の端の根室に行こうとしたが、蝦夷地には、早い冬がせまっていた。伊能隊は、そこから引きかえし、帰り道を急いだ。

　9月14日、箱館（函館）をたち、松前から三厩にわたり、奥州街道を江戸に向かった。

　江戸にもどった忠敬は、すぐに地図づくりにかかった。測量した記録をもとに、奥州街道と蝦夷地東南部沿岸の地図をつくる。約2か月で完成した。

　幕府の役人は、その地図の精密さと正確さに目をみはった。これまで忠敬のように実測してつくられた地図は、日本にはなかったのだ。

　緯度1度ぶんの長さも出した。至時に見せると首をかしげ、うなずいてくれなかった。

　つぎの年の3月になって幕府から、東日本の海岸を測量せよという申しわたしがあった。2回目の測量の旅が決まったのだ。

忠敬たちは、幕府の事業であることがわかるように、御用と書いてある旗をもって測量をおこなった。
（旗は伊能忠敬記念館所蔵）

データ

測量した地域	奥州街道、蝦夷地東南岸
出発	1800（寛政12）年閏4月19日
帰着	1800（寛政12）年10月21日
測量日数	180日
伊能隊旅行全距離	3224.8km

第2次測量——本州東岸への旅

　第1次測量の旅が終わると、忠敬と至時はすぐにつぎの測量の旅の計画を立てた。第1次ではできなかった蝦夷地の西岸と、本州東岸を測量しようというものだった。

　しかしその計画には許可がおりず、三浦半島、伊豆半島、房総半島など関東地方の海岸線と、東北の太平洋岸の測量をせよ、と命じられた。

　1801（享和1）年4月2日。伊能隊は江戸を出発して、江戸湾（東京湾）を西に向かった。

　第2次測量では、間縄や間竿（長い竹製のものさし）を多く使う方法に変えた。そのため、測量の手間と時間が多くかかった。測量器具、方位盤を大型のものにした。山が多い伊豆半島では、運ぶだけでたいへんな作業となった。大型の器具は、とちゅうで江戸に送りかえした。

　伊豆半島は、ヒル＊が多いけわしい山道と、道のない荒々しい海岸線がほとんどだ。測量は思うようにはかどらなかった。伊豆半島の測量を終えて三島宿へ来ると、至時から新しい測量器具「量程車」が届けられていた。引いて歩くと車輪が回転し、その回転数で距離を測定する器具である。江戸へもどる道、北品川宿あたりでこれを使ってみた。そのころの道はでこぼこが多く、正しく測定できる器具ではなかった。

　6月19日に江戸を再出発し、江戸湾を東に向かった。房総半島を一周して、鹿島灘を北に進んでいった。江戸湾では、ずっとつづく遠浅の海岸に苦しめられた。干潮のときは、はるか沖合まで潮が引く。海岸を歩くと、足が泥にもぐって進めないのである。歩測はだめで、間縄も使えず、測量をしっかりできなかった。

　東北地方の三陸地方は、リアス式海岸（岬や入り江が入り組んだ海岸）が南北600kmもつづいている。道はほとんどなく、測量はむずかしい。ここでは船を使って、海上から測量をした。

　伊能隊が困ったのは、行く先によって藩の対応がちがうことだった。仙台藩（宮城県）では幕府からの文書が届いていて、宿泊も測量も問題なくできた。ところが、となりの南部藩（岩手県）の領地に入ると、「測量に来ることは聞いていない」と役人はいい、なにも協力してくれなかった。

　下北半島に着くと、秋も終わりだった。10月12日（いまの暦で11月15日）に、青森では吹雪となった。急いで測量をおこない、追いたてられるように江戸にもどった。

　第2次測量の旅でつくった地図もみとめられ、幕府は第3次として東北地方の日本海側の測量を命じてきた。

データ

測量した地域	本州東岸
出発	1801（享和1）年4月2日
帰着	1801（享和1）年12月7日
測量日数	230日
伊能隊旅行全距離	3122.3km

＊ヒル＝小さくて骨のない生き物。人の血を吸う。

これが量程車です。くわしくは31ページを見てください

量程車は帰り道に使ってみたが、道がでこぼこでうまく測れなかった。

4章　日本全国を測量する＜東日本編＞

ルート

三浦半島、伊豆半島を一周していったん江戸にもどり再出発。房総半島から太平洋沿岸を測量し、三厩まで。帰りは奥州街道を測量しながらもどった。

> 仙台藩（宮城県）には、幕府からの文書が届いていて、伊能隊がくることがわかっていた。

> 幕府から、関東から東北の海岸線を測量せよと命令が出た。

> 伊豆半島はヒルが多くいる山道や、道のない海岸線ばかりで、測量がはかどらなかった。

> 入り組んだ海岸は船で測量した。船から船へ間縄をわたして、距離を測る。

> 江戸湾では干潮のときに測量しようとしたが、泥に足がもぐって進めない。遠浅の海だからだ。

第3次測量
——奥羽・越後への旅

　幕府の役人たちは、忠敬の測量の技術の確かさと地図づくりの精密さにとても感心した。それで、東北地方の日本海側も測量して、東日本の地図をつくってもらおうと考えた。第3次測量は、奥羽・越後地方への旅となった。

　伊能隊への待遇は、第1次、第2次よりぐんとよくなった。今回は手当金60両(約900万円)が支給され、行った先では、測量器具などを運ぶ人や馬を無料で使うことがみとめられた。

　第3次測量では、緯度や距離の測量だけでなく、8月1日の午後に予測されている日食の観測もおこなうことになっていた。

　伊能隊は能代(秋田県)で、日食の日をむかえた。けれどその日は曇り空で、雲のあいだに日食が終わるところを、少しだけしか観測できなかった。

　能代のあと伊能隊は、弘前から三厩に行った。ここで本州最北、津軽半島の先端の位置と形を測量して確かめた。そのあと南に下っていった。男鹿半島では、平山郡蔵の班が半島の外側から測量し、忠敬の班が内側から測量した。庄内から越後では、伊能隊の応援のため、人や馬がたくさん用意されていた。

　伊能隊は、10月23日に江戸に帰ってきた。至時と忠敬が求めていた緯度1度ぶんの長さは、第1次測量では27里(106km)と出た。第2次測量では28.2里(110.7km)で、第3次測量でも同じ28.2里の数値が出ていた。忠敬は第2次、第3次の数値には自信があったが、至時はよしとはいってくれなかった。

データ

測量した地域	奥羽、越後
出発	1802(享和2)年 6月11日
帰着	1802(享和2)年 10月23日
測量日数	132日
伊能隊旅行全距離	1701.0km

▼測量風景の素描画

第2次測量以降では、梵天や間縄などを使って測量している。滋賀県蒲生郡日野町鎌掛村でのようすを描いた図が、村に残っている。

(日野町立図書館所蔵鎌掛公民館文化部発行『鎌掛村誌』より)

4章　日本全国を測量する＜東日本編＞

津軽半島の三厩の先は、たいへんけわしい地形で、測量ができなかった。

能代で日食の観測をすることになっていたが、曇っていて日食の終わりごろに少し見えただけだった。日食は年に2～3回しかないので貴重な日だった。

伊能隊へ幕府から手当金が支給されたので、人や馬をやとうことができた。

ルート

宇都宮、白河、山形と東北を行き、三厩まで。帰りは日本海側を測量して、そのあと、上田、軽井沢、熊谷と山の多い内陸部をへて江戸にもどった。

第4次測量──東海から北陸の旅

　1803(享和3)年2月25日、忠敬は第4次測量に出発した。東海道から、渥美半島、知多半島、関ヶ原から敦賀に出た。そして日本海の海岸線を測量していった。幕府から各藩へ、伊能隊に協力するように、という先ぶれが届いていた。近江(滋賀県)から敦賀に近づくころ、隊員がつぎつぎにハシカにかかった。測量できるのは、忠敬と伊能秀蔵親子だけだ。ともかく福井まで行って、ハシカを治すことにした。

　金沢藩では、伊能隊は幕府の隠密*ではないかと疑われた。そのため、村と村の距離の測量は断られ、村の人口、地名などは教えてくれなかった。金沢城下では、めだつ間縄と梵天を使った測量はやめ、量程車を引いて測量した。

　加賀から越中を過ぎて、糸魚川まで来た。忠敬は姫川の河口を測るため、船でわたりたいと思った。ところが糸魚川宿の問屋・八右衛門は、「姫川は大きな河だから船でわたるのは危険だ。上流の街道を測ってほしい」と強くいった。

　しかし姫川は大きい河ではなく、川幅10間(約18m)ほどの小さな川だった。船を出すのがめんどうだったのだ。忠敬は宿に着いてから、町役人たちを呼んでしかった。一同があやまり、ゆるした。

　その後、測量先に江戸の高橋至時から、至急の手紙が届いた。そこには、「糸魚川の藩主から勘定奉行所へ訴えがありました。糸魚川での忠敬どのの態度は、とてもいばって測量の旅をしているようで、もってのほかです」と書いてあった。忠敬は、情けなく、腹立たしい思いだった。そのあと伊能隊は尼瀬(出雲崎)から佐渡(佐渡島)にわたり、長岡から三国峠を越えて江戸にもどってきた。

データ

測量した地域	東海から北陸
出発	1803(享和3)年2月25日
帰着	1803(享和3)年10月7日
測量日数	219日
伊能隊旅行全距離	2176.6km

姫川は川幅180mもあってわたれないといわれたのに、実際に見てみると、18mほどで、かんたんにわたれる幅だった。

やってみよう
地図で糸魚川、姫川がどこにあるか、確かめてみよう

*隠密＝幕府や藩にやとわれて、藩や人を偵察した探偵のこと。

4章 日本全国を測量する＜東日本編＞

糸魚川では協力を得られなかったので、役人をしかったが、そのことを注意する手紙が高橋至時から届いた。忠敬はおどろいた。

金沢では、藩が協力してくれなかった。地名もわからず、村と村の距離も測量できなかった。

伊能隊は「御用」の旗をもって測量していたが、それがえらそうに見えた原因のひとつかもしれない。

ルート

沼津まで行き、太平洋側を行った。いまの愛知県のあたりから内陸に入り、関ヶ原、敦賀を通り日本海側へ。福井、金沢、能登、糸魚川を行き、佐渡にわたったあと、高崎、熊谷から江戸にもどった。

緯度1度ぶんの距離の計測は正しかった

　第4次測量を終えて、忠敬が江戸にもどってきたのは、10月7日だった。忠敬が暦局に行くと、至時がにこにこしてむかえた。
「あなたの帰りを、待ちかねていましたよ」
　第4次の旅では糸魚川で事件が起きた。至時は旅先の忠敬へ、きびしい手紙を送ってきた。そのことを、あらためてしかられるだろう。忠敬は覚悟をきめていた。ところが至時は、別の話を始めた。
「忠敬どのには、蝦夷地への旅から、緯度1度ぶんの距離をずっと調べてもらっていました」
「1次と、2次・3次では異なる数字でした」
「その数値を、私はなかなかみとめることができませんでした。あやまります」
　至時が頭を下げたので、忠敬はおどろいた。
「そんな数値を出さなかった私が悪いのです」
　至時は首をふると、部厚い西洋の本をもってきた。フランスの天文学者が著した『ラランデ天文書』だ。原著はフランス語で書かれたものだが、至時がもってきたのはオランダ語に訳されたものだった。
　この本は幕府が新しく手に入れたものだ。忠敬が第4次の旅をしているとき、至時は寝る時間をけずって、辞書を引きながらその本を訳して読んでいたのだ。
「これには西洋の天文学の最新の研究成果が書かれています。そして、緯度1度ぶんの距離がのっていました」
「いくらと書かれていましたか？」
「日本の長さの単位に直してみると、28.2里（約110.7km）でした。忠敬どのが前に出した長さと一致したのです」
　忠敬はびっくりして、ことばが出なかった。
「あなたの測量と計算が正しいものでした。西洋の一級の天文学者が出した結論とおなじものだったのです。おめでとう、忠敬どの」
「この数値は、私と先生とふたりで出したものです。ほんとうにうれしいです」
　忠敬のこれまでの苦労と、至時に対する不満は一度に消えてなくなった。天文暦学をやってきてよかったと思った。

忠敬の測量と計算

忠敬が測量し、計算した緯度1度の距離と、そこから求めた地球の大きさ。
現在の数値との誤差は、測量をするたびに、小さくなっている。

測量の時期	緯度1度の距離	地球の大きさ	誤差
1799年（深川の自室から浅草暦局）	97.9km	35,244km	－4,681km
1800年（第1次測量）	106km（27里）	38,160km	－1,765km
1801年（第2次測量）1802年（第3次測量）	110.7km（28.2里）	39,852km	－73km
現在の数値（理科年表）	110.9km	39,925km	

高橋至時の死と幕府も驚く東日本の地図

忠敬が第4次の旅からもどったつぎの年の正月。高橋至時が病気でなくなった。『ラランデ天文書』を抄訳し解読するために無理をかさねた。それが死の原因だった。40歳の若さだった。

天文暦学を教えてくれ、測量の旅、地図づくりのきっかけをつくってくれた至時だった。その後、忠敬は、至時への感謝と祈りを決して忘れなかった。

忠敬は、「日本東半部沿海地図」をつくり上げた。大図、中図、小図の計73枚である。1804（文化1）年8月、それらを江戸城の大広間につなぎ合わせて広げた。たたみ300枚ぶんの地図となった。

「どんな地図ができあがったのか」

大広間にきた老中と若年寄たちは、広げられた地図を見て、息をのみ、感嘆の声をあげた。

忠敬の地図のスケールの大きさ、美しさ、精密さ。だれもこんな地図を見たことがなかった。

「ここに引かれた赤い線はなにを示しておるのか？」。老中のひとりが質問した。

「これは測線と申し、測量をした道すじをあらわしております」

「すると測量隊の者は、ここに描かれた赤い線をすべて歩いて測ったのか？」

「さようでございます。間縄、梵天、方位盤などで測りながら、道があるところもないところも、すべて歩いて測量いたしました」

「たいしたものだ。りっぱな地図じゃ」

測量隊の苦労に、だれもが感心をした。

翌月には将軍の徳川家斉も閲覧して、そのできをほめた。将軍が地図を評価したことで忠敬のあつかいが変わった。忠敬は、幕臣として召しかかえられることになった。

その年の暮れ、忠敬は幕府から西日本の地図をつくるよう命じられた。

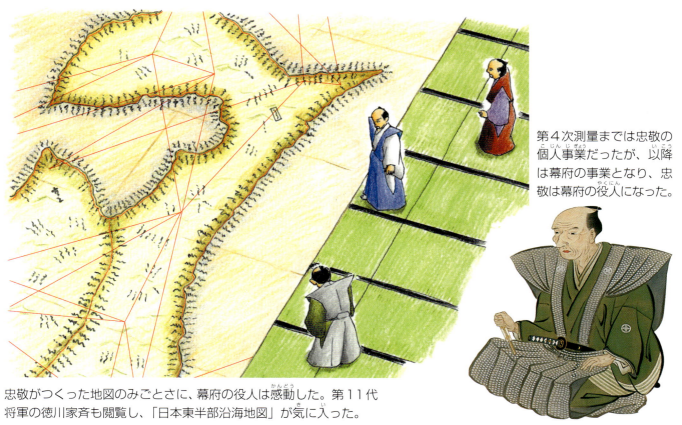

忠敬がつくった地図のみごとさに、幕府の役人は感動した。第11代将軍の徳川家斉も閲覧し、「日本東半部沿海地図」が気に入った。

第4次測量までは忠敬の個人事業だったが、以降は幕府の事業となり、忠敬は幕府の役人になった。

（伊能忠敬像／伊能忠敬記念館所蔵）

5章 測量、観測の道具と使い方

忠敬の測量器具には工夫がいっぱい

　測量にはどんな器具を使ったのか。測量器具は、できるだけ正確に、そして効率よく作業が進められることがたいせつだ。そのため忠敬は、それまでに使われていた測量器具をそのまま もって行くことはしなかった。器具に改良を加えたり、新しい器具をつくり出したり、器具をそろえるのに大きな神経を使った。
　暦局にいた至時のなかま間重富は、測量器具についてはすぐれた才能をもっていた。忠敬が測量の旅に出る前、旅で使う器具について、いろいろアドバイスをくれたり、新しい器具の製作に力を貸してくれた。

距離を測る

間縄
距離の測量に使った縄。忠敬ははじめのころはこれを使っていた。水を吸うと伸び縮みするのが欠点だ。

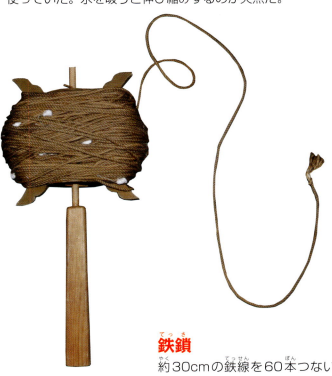

梵天
距離を測るとき、めじるしになるように使った標識。3〜5.4mほどの竹竿の先に数枚の紙を短冊状に切って取りつけたもの。

鉄鎖
約30cmの鉄線を60本つないで（全長約18m）、距離を測量するときに使用した。忠敬が考え出してつくらせたもの。第3次測量の旅からこれを使った。

5章　測量、観測の道具と使い方

量程車
箱状のものに小さな車がついていて、ひもで引っ張って距離を測る。車輪が回転すると歯車が距離を刻むしかけになっている。平坦な道だとよいが、でこぼこの道では使えなかった。高橋至時が設計したといわれる。

方位を測る

磁石の面はいつも水平

半円方位盤
半円型になった方位を測る器具。水平に置いて真ん中の磁石で南北を確かめてから、遠くの山や島の方位を測定した。運びやすくするために半円にしてある。忠敬が考え出した器具。

彎窠羅鍼（杖先羅針）
方位を測る器具。杖の先に羅針儀がついていて、それで方位を測定した。杖が傾いても常に水平を保てるようになっている。

知っておきたい
●磁石は、世界三大発明のひとつ

火薬・活版印刷と羅針盤は、世界三大発明と呼ばれる。羅針盤は、磁石が常に南北を向く性質を利用して、正確な方位を示す。いまから千年以上も昔にはあったといわれ、忠敬の時代にはすでにあった。忠敬が使っていた彎窠羅鍼も羅針盤だ。

（P.30～32の道具はすべて、伊能忠敬記念館所蔵）

角度を測る

小象限儀
大・中・小と3種類ある象限儀の中で、一番小さな象限儀。おもに土地の傾斜を測るために使われたが、天体観測にも使った。

中象限儀
観測地点の緯度を知るためには北極星の高度を測るとよい。これは北極星などの恒星の高度を測る器具である。望遠鏡を取りつけて使った。忠敬は空に雲がなければ毎夜、この器具を使って緯度の測定をおこなった。

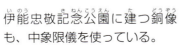

観星鏡
星などを観測するための望遠鏡。大小あり、大は長さ234cm、小は159cm。

伊能忠敬記念公園に建つ銅像も、中象限儀を使っている。

5章 測量、観測の道具と使い方

知っておきたい

天体観測は暦局がおこなっていた

●暦や地図をつくった

「暦局」とは、その名のとおり、暦（カレンダー）をつくっていた役所である。江戸時代より前は中国から輸入した暦を使っていたが、しばしばズレが出て不便になっていた。そこで江戸幕府は正確な暦をつくるために暦局をつくり、トップに「天文方」という役職をすえた。

伊能忠敬の師、高橋至時は天文方として、日本ではじめて西洋天文学を取りこんだ「寛政暦」を1797（寛政9）年に完成させている。また、暦局は、天体観測の技術を応用して測量をおこない、地図もつくった。

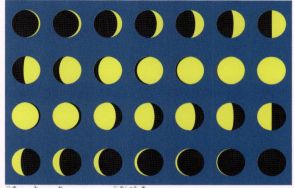

月の満ち欠けは28日周期。だから1か月は28日だった。

●昔の暦は月の運行をもとにしていた

昔の日本では、新月から次の新月までを1か月とする暦を使っていた。すると、1年は現在の暦より11日短く、次第に暦と季節がずれてしまう。そこで、数年に一度「閏月」を加えて、1年を13か月としてずれを修正していた。この仕組みは、現在の暦が導入される1873（明治6）年まで使われていた。

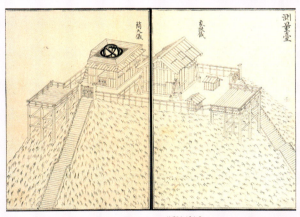

江戸時代の暦局。高橋至時と間重富がつくった『寛政暦書』より。（国立天文台所蔵）

●昔の方位は東西南北だけではなかった

江戸時代には、東西南北のほか、30度ごとに十二支を当てはめていた。伊能隊にも富士山の方角を「酉六分五〇秒」と書いた記録が残っている。なお、十二支は方位だけでなく時刻をあらわすことばとしても使われていた。

いまの国立天文台。日本だけでなく、外国にも観測所がある。写真は野辺山にある電波望遠鏡。

（提供／国立天文台）

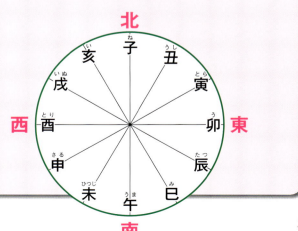

距離を測量する

距離を測る方法には、歩いて歩数をかぞえる方法、間縄・鉄鎖を使って測る方法がある。海岸にけわしい崖などがあって間縄が張れないときは、船を出して海中に縄を張って測った。

こうばいのある坂道では、小象限儀や便利な表を使っていた。

歩いて測る

忠敬は、緯度1度ぶんの距離を江戸で測って出そうとしたことがあった。そのときは、深川の黒江町の自宅から浅草の暦局のあいだを、歩いて距離を測った。そのときに歩測の練習をかさねて、1歩が約70cmとなった。歩数をかぞえ、歩幅をかけて出す方法である。

蝦夷地への第1次測量では、この歩測を使って距離を測った。歩測を使ったのはこのときだけである。

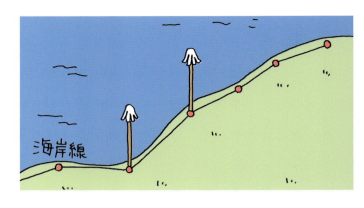

間縄・鉄鎖で測る

第2次測量からは、より正確な距離を出すため、間縄や鉄鎖、梵天を使った。

距離を測るとき、梵天を立ててこれに間縄を張って、距離と方角を変えながら、くり返し測量していく。この測量法は「導線法」と呼ばれ、忠敬の測量の基本だった。カーブがある所では、梵天の間隔がせまくなり手間がかかるが、それだけ正確に距離が測れる。

梵天を立てる間隔は、せまい所では10間(約18.2m)で、長い直線がある所では50間(約91m)、

5章　測量、観測の道具と使い方

100間（約182m）先に梵天を立てて測量した。

間縄は、江戸時代によく使われた測量用の縄である。使いやすさではすぐれているが、忠敬は温度や湿度が変わっても伸び縮みの少ない鉄鎖のほうを信頼していたようだ。鉄鎖は、細い鉄の棒をつなぎ合わせたものだ。忠敬が発明したといわれている。梵天は、江戸時代に測量のとき使われた標識である。3mから5.4mの長さの竹の先に、短冊状の紙を切って取りつけてある。

量程車で測る

これは、第2次測量のときに、至時が考案してつくらせ旅先へ送ってきた。ひもで引っ張り、車輪が回転すると歯車が距離を出すという器具だ。しかし江戸時代の道はでこぼこ道が多く、あまり使えなかった。

こうばいのある坂道を測る

坂道では、まずその距離を間縄などで測り、つぎに小象限儀という器具で坂のこうばいの角

度を測る。坂道の距離とこうばいの角度がわかれば、計算によって平面であらわすときの距離が求められるのである。

忠敬は、測量中にいちいち計算をしていると時間がかかるので、「割円八線対数表」という表ですぐに調べられるようにしていた。これは、いまの三角関数表にあたるものだ。

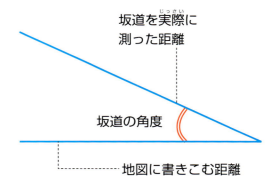

◀浦島測量之図

全国を測量した伊能隊の測量風景を描いた絵図は、たった3点しか知られていない。この図は、広島藩の庄屋・宮尾三兵衛が絵師に描かせたもの。広島藩の藩船や、梵天を立て間縄を引く人たちが描かれている。

（宮尾昌弘氏寄託／呉市入船山記念館所蔵）

35

方位をどうやって測定したか

忠敬は、方位を測るとき、道具を使ったり、測り方を工夫した。

彎菓羅鍼（杖先羅針）

方位を測定する器具で、羅針儀が杖の先についている。坂道などに立てたり、杖そのものがかたむいても、水平を保つことができた。磁針のまわりに360度の目もりと十二支の目もりがついている。

使い方は、まず磁針の方向を「子（北）」に合わせ、つぎに「子」を測量する地点に立つ梵天の方向に動かす。すると磁針は「寅」をさす。これで梵天の位置は、「子」から東に60度だとわかるのだ。

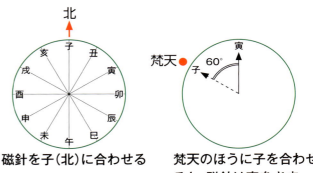

磁針を子（北）に合わせる

梵天のほうに子を合わせると、磁針は寅をさす

「交会法」で誤差を見つける

忠敬は方位を測るときは、とくにていねいにやった。たとえば直線の方角を測ったあとで、つぎの曲がり角にくると、かならず近くにある目標物（大きな木、寺の屋根など）の方位を測って、記録していった。

この方法をきちんとやり、記録をかさねていくと、地図の下図を描くときに、距離の測定がちがっていないか確かめられる。この方法を「交会法」という。これによって、誤差がないかどうかを見つけることができた。

▼交会法

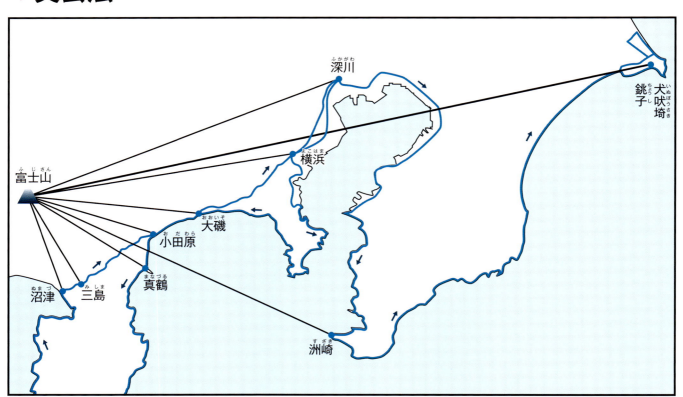

第2次測量での交会法

5章　測量、観測の道具と使い方

▼大日本沿海輿地図（伊能中図、関東部分）　（東京国立博物館所蔵）

富士山を目標物にする

「交会法」は、遠くのよくわかる目標物により、いまの地点を確かめるのによく使われた。伊能隊がいちばん多く使った目標物は、富士山である。富士山はどこからでも見え、その方位ははっきりしていた。富士山を見ることができれば、導線法の測量結果を確かめることができた。

伊能中図を見ると、各地から富士山を測った赤い線が40本も引かれている。

天体観測をする

地図づくりには、天体観測が必要だ。観測地の緯度を求めるためである。

恒星を観測して緯度を求める

伊能隊は、宿に着いて夜になると天体観測をした。晴れていると、恒星（北極星・小熊座・カシオペア座・獅子座など）の高度を測り、その土地の緯度（地球上の南北のへだたりを示す目もり）を求めた。晴れていれば、この観測は毎日おこなわれた。

恒星の高度は象限儀で測った。象限儀には、大・中・小の３種類ある。伊能隊が、測量の旅で使ったのは、中象限儀だ。

中象限儀は、回転の角度を読み取る目もりがついた半径115cmの四半円と、回転する望遠鏡からできている。地球の南北にたてに通っている線にそって、この器具をすえつける。そして恒星が、望遠鏡の中の十字線を通過するときの目もりを読んだ。

忠敬は深川の自宅でも恒星の観測をしていた。そのときの恒星の高度表をもってきており、これと比較して緯度を求めた。

天体観測をするのは、伊能隊の大きな特徴だった。一晩に観測する恒星は、多いときで30こもあった。北極星は動かないからよいが、恒星はどんどん移動する。つぎの星の予想高度を知って、待っていたとしても、つぎからつぎにあらわれる星を観測するのは、忙しいし、なかなかむずかしい仕事だった。

一晩に20こ、30この恒星を観測しようとしたのは、観測の誤差を小さくしたいという気持ちからだった。伊能図の緯度は正確だ。天体観測に力を入れ、誤差を小さくしようと努力したのがそこからもわかる。

地図をつくるのに天体観測を実行した人は、日本では忠敬がはじめてだ。伊能図の大図や中図には、朱の測線の近くに朱の☆印が描かれている。これは、伊能隊が天体観測をおこなった地点を示している。

日食・月食を観測して経度を求める

第３次測量のとき、能代で日食の観測をおこなったことを、24ページで紹介している。これは経度（地球上の東西を示す目もり）を測るための観測だった。

日食・月食の観測は、測量の旅に出た伊能隊だけでなく、江戸・大坂と３地点で同時刻におこなった。その数値を対比しなければならないのである。伊能隊の測量中に日食は４回、月食は９回あった。しかし空に雲が出ていたり、雨天だと観測はできない。江戸・大坂・伊能隊と、３か所で同時に観測ができないとだめなのである。同時に３か所で日食・月食が観測できたのは、たった３回だった。それでも、経度は観測できなかった。

江戸時代、日本には経度を測定するクロノメーター（経線儀）はなかった。伊能隊は原始的な方法でしか経度の測定はできず、伊能図には正しい経線は書かれていない。

▶浦島測量之図

夜、天体観測をしている図（夜中測量之図）。右に描かれているのは「子午線儀」。まだ経度は正確には測れなかった。左にあるのは中象限儀で、望遠鏡で星が通過するようすを観察している。手前に控えているのは、お茶を用意する人。

（宮尾昌弘氏寄託／呉市入船山記念館所蔵）

5章　測量、観測の道具と使い方

▶伊豆国図

伊能図の大図、中図には赤い☆印が描かれている。この印は伊能隊が天体観測をおこなった場所である。
（文化1年版／伊能忠敬記念館所蔵）

夜中測量之図

6章 日本全国を測量する＜西日本編＞

第5次測量──中国地方への旅

　1805（文化2）年。60歳の忠敬は、第5次測量の旅に出発した。第5次から測量の旅は、地図づくりという大きな目的のため、幕府の仕事となった。忠敬はじめ隊員ひとりひとりに、手当金があたえられるようになった。

　隊員の構成も変わった。はじめからいた忠敬の内弟子のほかに、幕府の天文方からも下役が参加することになったのだ。隊員の数は、第4次は8人だったのが、第5次は倍以上の20人となった。

　忠敬が苦労したのは、内弟子たちのグループと天文方下役たちのグループのもめごとだった。身分も待遇もちがう2つのグループが、毎日おなじ仕事をして、おなじ宿に泊まる。すると、意見のくいちがいやけんかが起きる。そうなると隊長の忠敬は、内弟子たちにきびしくあたることになる。

伊能隊は隠岐へ船でわたったが、忠敬は体のぐあいが悪くて、松江に残って療養することになった。

6章　日本全国を測量する＜西日本編＞

　第5次のとちゅう、中国地方に入ってから、忠敬は熱病にかかって3か月も苦しんだ。隊長が病気でいないあいだに、隊の規律がみだれた。隊員たちは、酒の宴会をやったり、買い物をしても代金を払わなかったりすることが起きた。内弟子と下役がいい争いをした。

　このことを、だれかが幕府に知らせた。それで監督役の高橋景保は、老中からきびしく注意された。忠敬は江戸に帰ってから、けじめをつけるため、いい争いをした内弟子の平山郡蔵を破門*にした。このことは忠敬の心の傷となった。天文方下役からくわわった坂部貞兵衛は仕事もできて、すぐれた人物だった。みんなから信頼されていた。坂部が副隊長格に育ち、伊能隊はそれ以後ひとつにまとまることができた。

　第5次の旅で伊勢に来たとき、伊能隊は日の出前の富士山の方位の測定に成功した。320kmもはなれた所から富士山をとらえるのは、めったにないことだった。

　またこの旅では、木星の食現象の観測にも成功した。木星には4つの衛星があり、木星がつくる影の中に衛星が入るのを食現象という。このときは、江戸の暦局でも観測がおこなわれた。第5次測量は、10回の測量の旅でもっとも心を痛めることの多い旅だった。

データ

測量した地域	中国地方
出発	1805（文化2）年2月25日
帰着	1806（文化3）年11月15日
測量日数	640日
伊能隊旅行全距離	6992.6km

内弟子たちと天文方の下役とのいい争いが起こり、忠敬は内弟子にきびしくあたることになった。

ルート

東海道を行き桑名に到着。ここで隊を2つに分け、伊勢で合流。紀州を進み、大坂、京都をへて琵琶湖を一周。岡山、広島と複雑な瀬戸内海の沿岸を測量。松江、隠岐、鳥取をへて、東海道を通ってもどる。

*破門＝弟子であることをやめさせること。

第6次測量 ——四国への旅

　第6次の測量は、淡路島、四国地方だった。1808（文化5）年1月25日に江戸を出発して、東海道を西に向かって進んでいった。2月24日に大坂に着き、そのあと淡路島から鳴門をへて、阿波（徳島県）の撫養にわたった。そこから四国を測量していった。

　この旅は総勢16人で、天文方下役がふたり新しくくわわった。ひとりは芝山伝左衛門で、もうひとりは青木勝次郎だ。青木は絵師で、山や集落の写生がとてもたくみだった。地図のための、沿道の風景を描くのを担当した。青木の写生図は、このあとの地図づくりでは大きな力となった。

　現在、伊能忠敬の肖像画が残っていて、本などによく使われるが、その絵は青木が描いたものである（P.29右下の絵）。

　伊能隊はこれまで「導線法」という測量のやり方をとっていた。それは、測量の地点からつぎの測量の地点までの距離と方角を正しく測り、それをくり返して数値を記録していくやり方だ。

　測量の誤差をできるだけ小さいものにしようと、ていねいに測量し、記録を正確にとるようにやってきた。しかしそれでも、誤差は生まれる。ごく小さな誤差でも、つみかさなると大きな誤差となってしまうのである。

　四国では、海岸線を一周する測量をおこなったが、忠敬はひとつ工夫をした。誤差をできるだけ小さなものにするため、「横切り法」という

四国は伊能隊を本隊と支隊に分け、横切り法で測量した。支隊の隊長は坂部貞兵衛。

奈良ではお寺にお参り。元日には身なりを整え、伊勢神宮にお参りをした。

6章　日本全国を測量する〈西日本編〉

測量の方法を採用したのである。

それは、四国をまん中あたりで2つに分け、伊能隊が二手に分かれて両方を測量していくというものだ。瀬戸内海側の川之江と太平洋側の高知で結ぶ線を、隊員が両方の地点から測量したのである。

この旅で、はじめて絵師の青木が参加する。その後、青木が山や町、城などを地図に描いたと思われる大図が残っている。

（九州沿海図巻第二・部分／東京国立博物館所蔵）

データ

測量した地域	四国地方
出発	1808（文化5）年1月25日
帰着	1809（文化6）年1月18日
測量日数	377日
伊能隊旅行全距離	4568.3km

江戸を出発してから、浜松までは測量をせずに進んだ。

ルート

浜松で測量したのち、また大坂までほとんど測量をせずに進む。淡路島から四国にわたり、隊を2つに分けて測量した。大坂にもどり、奈良、三重で寺社にお参りしたのち、江戸にもどった。

第7次測量——九州への旅

　第7次測量は九州地方だったが、測量日数が631日間という長期の旅となった。1809（文化6）年8月に江戸を出て、九州へたどり着くまで5か月もかけて測量していった。九州の測量を始めたのは豊前小倉（北九州市）で、年が新しくなっていた。豊前小倉から南に向かい、中津、大分、佐賀関、鳩浦（津久見市）と測量していった。

　鳩浦で3月1日に起きる日食を観測しようと準備していた。ところが天候が悪く、観測はできなかった。そこから海岸線を測量しながら、南に下っていった。6月23日に鹿児島城下に着いた。鹿児島では桜島の測量もおこなったが、恒星と木星の観測もできた。

　鹿児島から天草をへて熊本に向かった。そこからまた大分にもどり、年を越してから中国地方へ出発した。本州の内陸部のおもな街道を測量しながら江戸にもどってきた。

　江戸に帰ってまもなく、間宮林蔵が深川の忠敬の家をたずねてきた。

　「蝦夷地に測量が残されている海岸線を、くわしく調査したいと思っております。測量術や天体観測の術をぜひお教えください」

　林蔵の申し出に、忠敬はよろこんだ。林蔵は忠敬の家に寝泊まりして、測量術の講義と天体観測の授業を受けた。林蔵は熱心に学んだ。講義を受けているあいだに、林蔵は蝦夷地を測量するのは自分しかいない、と思うようになっていた。

　第7次測量の図版整理と林蔵の講義がすむと、忠敬は第8次測量に出発した。江戸を発つときには、林蔵も見送りにきた。

鳩浦で日食を観測できず。その後、複雑な海岸線で測量が進まず、つぎの延岡に到着するまで1か月かかった。

6章 日本全国を測量する＜西日本編＞

海岸線にそった測量には、危険もいっぱいあった。ときには沖の小島まで小舟で綱を引いて測ったり、断崖の不安定な足場に立って測量した。

データ

測量した地域	九州地方
出発	1809（文化6）年8月27日
帰着	1811（文化8）年5月8日
測量日数	631日
伊能隊旅行全距離	7405.2km

江戸にもどったら、「測量の仕方を教えてほしい」と、間宮林蔵がたずねてきた。

やってみよう
伊能図の中で細かく描かれている海岸をさがしてみよう

ルート
熊谷から中山道を通り近江（滋賀県）まで。九州に入り、中津、大分、鳩浦と進む。日南から支隊は九州の内陸部を、本隊は南側を進み甑島にわたる。大分で合流して中国地方を測量したのち、江戸にもどった。

第8次測量——九州地方

　第8次測量の目的地は、もう一度九州だった。このとき、忠敬の年齢は67歳。高齢の忠敬の体を心配する親類の人、暦局の人が見送りにきた。忠敬は出発にあたって、伊能家の仕事について、遺言状のような手紙を長男・景敬に送っていた。

　薩摩半島から屋久島と種子島へ船でわたるのは、潮流がはげしく、とてもむずかしい。薩摩藩（鹿児島県）としては、2島の測量や調査をやってほしくなかった。忠敬は中止したいと幕府に知らせたが、幕府は測量をやれといってきた。島へわたるのも、断崖と絶壁が多い島の測量もたいへんで、2か月もかかってしまった。

　海岸線が複雑な九州北西部、対馬、五島列島の測量もむずかしく困難が多かった。しかし幕府の命令でやっている仕事なので、とちゅうで投げ出すわけにはいかない。忠敬は悲壮な思いで取り組んでいた。

　第8次測量の後半、五島では悲しいできごとが起きた。江戸を出発して8か月目、福江島で副隊長格の坂部貞兵衛が測量中、病気で亡くなったのだ。坂部は第5次測量のときに、はじめて伊能隊にくわわった。それから8年間、いつも忠敬のそばにいた。測量や地図づくりに大きな力を貸してくれた仲間である。人間的にすばらしく、伊能隊の副隊長格として、隊をよくまとめてくれた人間だった。

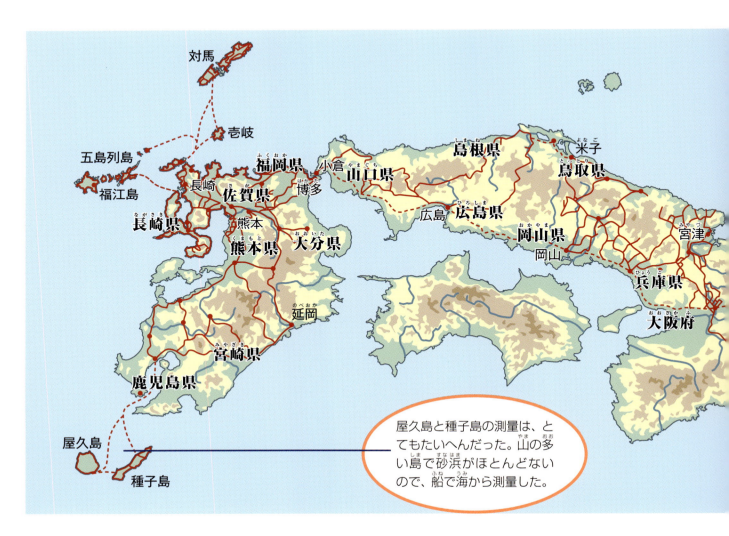

屋久島と種子島の測量は、とてもたいへんだった。山の多い島で砂浜がほとんどないので、船で海から測量した。

6章　日本全国を測量する＜西日本編＞

　福江島の宿でチフスにかかり、忠敬にみとられて死んだ。42歳だった。忠敬は坂部の遺体を福江島の宗念寺にてあつくほうむった。

　忠敬は坂部の死によって、心に穴があいたようで、何日も口をきくことができなかった。

　佐原村の忠敬の長男・景敬はそれより1か月前に亡くなっていた。旅先の忠敬のことを考えて、家族はわざと知らせなかったのだ。

　伊能隊は五島の調査のあと、長崎にもどった。忠敬は江戸・天文方からの手紙で、長男の死を知った。そのあと、九州から本州を測量しながら、江戸にもどった。914日の長い測量の旅だった。

「御手洗測量之図」には伊能隊の測量のようすが描かれている。図のなかの黒いかさをかぶった人物が忠敬、その奥で竹の皮のかさをかぶっているのが坂部貞兵衛。

（呉市提供）

データ

測量した地域	九州と島々
出発	1811（文化8）年11月25日
帰着	1814（文化11）年5月23日
測量日数	914日
伊能隊旅行全距離	13083.4km

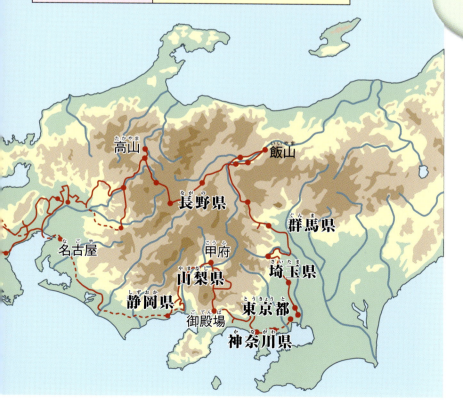

坂部は副隊長格で、忠敬がいちばん頼りにしていた。五島列島の福江島で亡くなってしまった。

ルート

小倉までは測量をしないで行き（点線のルート）、小倉から北九州をへて屋久島と種子島を測量。その後鹿児島から内陸部を進み、壱岐、対馬を測量。中国地方、中部地方を測量しながら江戸にもどる。

第9次測量——伊豆七島

第9次測量は、1815(文化12)年におこなわれた。まだ測量をしていない伊豆七島の大島、利島、新島、神津島、三宅島、御蔵島、八丈島に行って測量をする。

忠敬は70歳を過ぎていても、当然この旅にも参加するつもりだった。しかし、測量の監督役である暦局の高橋景保や娘のイネがゆるしてくれなかった。しぶしぶ断念した。

第9次測量には、この前、福江島で亡くなった仲間の坂部貞兵衛の子、坂部八百次が天文方の役人としてくわわった。

測量隊は三島から下田街道を南に進んでいって伊豆半島の先端、下田まで測量していく。そして下田港から船で三宅島へわたる予定だった。港から帆かけ船で出発したが、風が吹いてくれない。10日待ってわたれたが、八丈島から三宅島への帰り道、測量隊をのせた船は黒潮に流されて、三浦半島の三崎港まで行ってしまった。伊豆七島の測量は、風待ちや、潮に流されることの多い旅だった。

測量隊が伊豆七島に出かけて留守のあいだ、忠敬は地図づくりを一生けん命やっていた。がんじょうだった体も弱ってきていて、体力も落ちていた。

ルート

下田から三宅島、八丈島、三宅島にもどり(三崎に漂着したのち)、御蔵島、神津島、新島、利島、新島にもどる。つぎに大島にわたろうとしたが、またも漂流して須崎へ。須崎から大島へ。下田にもどり、箱根、関東を測量した。

八丈島から三宅島へ、そして三宅島から大島への2度も海の上を漂流し、目的地以外の場所に着いてしまった。

データ

測量した地域	伊豆七島
出発	1815(文化12)年4月27日
帰着	1816(文化13)年4月12日
測量日数	340日
伊能隊旅行全距離	1433.2km

6章　日本全国を測量する＜西日本編＞

知っておきたい 現代の地図づくり

測量

水平を見る
平板
三脚
おもり

地図づくりの基本はいまも測量である。ただし、その方法は「平板測量」から、飛行機を使った「空中写真測量」へ、さらには人工衛星を利用するなど進化している。地図をつくるときは、まず飛行機で撮った写真や、人工衛星のデータを、機械で処理して「地形図」をつくる。これをコンピュータで編集して、最終的に地形や地図記号、地名などが記入された地図ができあがる。ただし、飛行機からは写せない場所を現地に行って調べたり、市区町村の境界や地名を役場で調べたりと、いまでも地図づくりに足を使った調査は欠かせない。

基準点と目標点との距離などを測量する「平板測量」。以前はこれで全国を測量し、地図を作製した。現在も工事現場などでおこなわれている。

空中撮影

撮影もれがないよう、写真のすみとすみがかさなるように撮る。最近はデジタルカメラを使って、いろいろな写真が撮れるようになった。

人工衛星

人工衛星
電子基準点
観測地点

人工衛星の信号から、現在地の緯度や経度がわかる「GPS」も、地図づくりに役立つ。測量の基準となる「電子基準点」も整備されている。

49

第10次測量――江戸府内

1815（文化12）年、府内の測量ができるようになった。これまでは、東海道に行くのであれば高輪大木戸から、甲州街道であれば四谷大木戸から、日光街道であれば千住から、測量を始めるのがきまりだった。

それが日本橋を起点にして、街道の始発地点まで府内を測量することが許されたのだった。

第10次測量の正式な調査の前に、忠敬は天文方下役の永井甚左衛門と下河辺政五郎との3人で、日本橋からおもな街道の始発地点まで予備測量をした。たった16日間で、街道につながる道をすべて測量した。

第10次の正式な江戸府内の測量は、1816（文化13）年8月8日から74日間おこなわれた。そして江戸府内図をつくる数値を集めた。

忠敬は日ごとに体がおとろえていて、起き上がれない日もあった。そのため第10次の江戸府内測量は、体の調子がよい日だけ顔を出した。測量は、ほとんど隊員たちにまかせた。

1816（文化13）年10月23日、江戸府内の測量が終わった。第1次から10次までの全国測量の旅はすべて終わった。

翌年の10月、間宮林蔵が忠敬をたずねてきた。

間宮さんの協力で、日本全国すべての地図がそろったんです

「伊能先生、蝦夷地の測量記録をもってまいりました」

林蔵は、蝦夷地の全海岸線を歩き、しっかりと実測していた。野帳に記録された数値は正確なものだった。ひとりで実測し、そのデータをもってきてくれたのだった。

「ありがたい、これで日本全国の地図が完成する。よくやってくださった」

忠敬は、林蔵の記録をありがたく受け取った。1818（文政1）年になって、忠敬の体はいよいよ弱った。もう起き上がって、地図づくりの監督をすることもできなかった。その年の4月13日、忠敬は帰らぬ人となった。73歳だった。

忠敬が亡くなって3年後、天文方の下役や内弟子たちの努力で、「大日本沿海輿地全図」は完成した。足でつくり上げた日本地図だった。

データ

出発	1816（文化13）年8月8日
帰着	1816（文化13）年10月23日
測量日数	74日

伊能忠敬の墓は、東京浅草の源空寺にある。高橋至時の墓（写真では左の墓）に並んで建てられた。

▼**江戸府内図**（南部、部分）

江戸の町のこまかい地図。下の地図を拡大した。永代橋がかかる隅田川、深川のあたりで、忠敬の自宅があったところ。

（国土地理院所蔵「江戸實測図（南）」）

▶**江戸府内図**（南部）

第10次測量の結果、つくられた地図。縮尺6,000分の1で、大図より大きい。真ん中より少し上に「御城」とあるのは、徳川幕府のあった江戸城。

（国土地理院所蔵「江戸實測図（南）」）

7章 忠敬はこのように地図をつくった

地図づくりの順序

①下図を描く

　下図とは、ちゃんとした地図になる紙（地図用紙）に描く前につくった図のことをいう。

　最初にやる作業は、一測定区間ごとに始点と終わり点を決め、針穴をあけることである。始点からスタートして、折れ曲がる地点ごとに針穴をあけていった。そして、あけた針穴を結んで、墨で測線を描くのである。

　測線はほんの少しでも狂っていると、その誤差は下図を描くにしたがい、少しずつ大きくなっていく。そのため、天体観測のデータを見たり、方角を確かめたりして、誤差を修正しながら描いていくことがたいせつだった。

　この下図は、測量の旅のとちゅうでも、その日に測量した地域の下図がつくられたという。

②下図を地図用紙に写し、測線を描く

　つぎの作業は、できあがった下図を地図用紙に写すことである。

　地図用紙の上に下図を置き、墨で描かれた線の折れ曲がった地点にある針穴を、針でついて地図用紙に写していく。

　地図用紙にあいた針穴をたどると、測線を写すことができ、目標の位置も正確に描くことができた。地図用紙にいちばんはじめに描くのが、測線で、地図のいちばんもとになるものなので正確に描くことが求められた。

　伊能図を見ると、測線は赤い線で描かれている。その赤い線は、忠敬と伊能隊が歩きながら、梵天や間縄、鉄鎖などを使ってていねいに測量していった道すじだった。

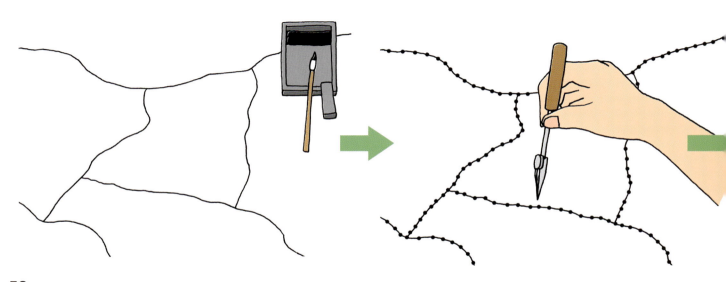

▶地図合印

忠敬が使っていた合印。国界はⅠ、郡界は●、宿駅は○、神社はハ、寺院は△など、地図上の記号を決めて、印を押した。ハンコのようなもの。

(伊能忠敬記念館所蔵)

③測線のまわりに風景を描く

地図用紙に測線を描き終えると、風景画を描ける隊員の出番になる。測量のときにその隊員がスケッチしておいた風景図を、参考にしながら、山、町、城、集落、砂浜などの沿道の風景を測線のまわりに描きこんでいった。

測量の旅のときに隊員が描いたスケッチは、「麁絵図」と呼ばれた。地図用紙には、4色を使って描きこんだ。

伊能隊では、第6次の四国の旅から隊員として、天文方下役の青木勝次郎がくわわった。青木は絵師で、山や海、集落の写生がとてもたくみな人だった。沿道の風景を描くために隊員となったが、忠敬の「大日本沿海輿地全図」の制作では、青木は大きな力となった。

④地図合印を押し、地名を書きこむ

測線のまわりに沿道の風景を描くと、最後の仕事は、地図記号の「地図合印」を押すことと、地名などを書き入れる作業だった。ハンコにきざんだ、国や郡の境界、神社、寺院、港湾、宿駅、天体観測地点などの記号を押すのである。

残っている伊能図を見ると、地図合印があったりなかったりする。すべての種類の地図合印が押されている地図は、完成度の高いものといえる。

文字で書きこむのは、地名、国名、国界、郡名、郡界、そして領主名、領界などだった。中図、小図には、経度緯度線も入った。それらを書きこんで伊能図は完成となった。

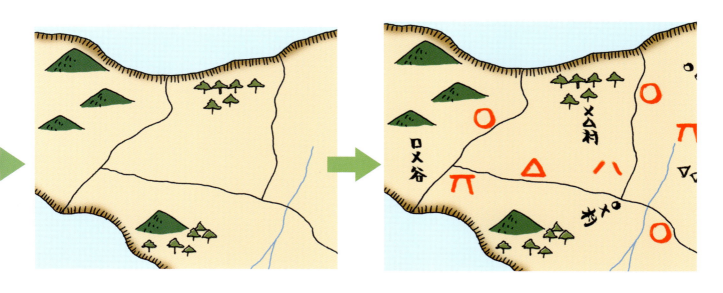

できあがった伊能図

　伊能図のつくり方の特徴のひとつは、針穴をつくって作業をする方法を採用したことだ。
　最初につくった下図の上に地図用紙をかさねて、測線の曲がり角に針穴をつくって、曲がり角を写していった。写された針穴を朱線で結べば測線が描ける。そこに沿道風景を描きこんだのである。地図用紙を何枚かかさねて、おなじ作業をすれば複数の針穴図ができあがる。
　忠敬の時代に、このような方法で地図をつくった例はほとんどない。ふつうは、もとの絵図の上に新しい用紙をかぶせて写し取った。
　中図や小図をつくるのには、まず大図をつくり、できた大図用下図の縮尺を縮めて、中図用、小図用の原稿図をつくった。それをもとに、中図、小図をつくったのである。
　伊能図のもうひとつの特徴は、国絵図とおなじように手描き図だったことだ。測線を朱で描き、沿道の風景を描き、測量の目標となった山や岬も描きこまれた。目標となった高い山などへの方位線は、測量のためのものだから、地図には必要はない。けれど忠敬は、地図のできばえを美しく見せるためと、伊能隊が努力したことを強調するため、方位線を残した。
　正確な測線と、絵画のような沿道風景の描き方。伊能図は、正確さと美しさの両方をそなえたみごとな地図になったのである。

現代の地図記号

記号	名称	記号	名称	記号	名称	記号	名称
⬭	都道府県庁	⊤	郵便局	卍	寺院	△ ▲	山頂
◯	市区役所	) (	銀行	开	神社	♨	温泉
○	町村役場	⊗ 文	学校	∴	名所・旧跡	✈	空港
⊗	警察署	☼	工場	凸	城跡	⚓	港
X	交番	☼	灯台	⚔	古戦場	⑯	国道

7章　忠敬はこのように地図をつくった

▼大図三保付近（部分）

三保松原付近の地図。黄色く着色された砂浜や沿道の樹木が美しく描かれている。地名が正確に入れられ、宿泊地には○、天体観測地には☆がある。

（文化1年版／伊能忠敬記念館所蔵）

まず大図をつくり、その大図を縮小して、中図や小図をつくった。

8章 忠敬を支えた人たち

高橋 至時 (1764-1804年)
～忠敬の先生～

　江戸時代後期の天文学者。
　大坂の生まれで、父は大坂定番同心という身分の低い役人だった。至時は、子どものころから算術がすきだった。15歳のとき、父の跡をついで定番同心になった。算術の勉強をつづけていたが、天文暦学も学びたいと思って、24歳のとき麻田剛立の塾「先事館」に入門した。
　ここは理論だけでなく、実践をたいせつにする塾だった。麻田と弟子たちは、さかんに天体観測をおこなって計算をした。麻田は科学的な考え方を柱としていたのだ。
　暦の数値を計算するのが得意だった至時は、塾でたちまちすぐれた能力をあらわした。そして弟子のなかでリーダーとなった。
　40年前に幕府がつくった暦「宝暦暦」は、欠点の多いものだった。幕府は、それを正確な新しい暦にあらためたいと考え、改暦の仕事を麻田剛立にやってほしいと頼んだ。麻田は高齢だといって辞退し、塾の若い弟子、高橋至時と間重富を推せんした。
　1795（寛政7）年、至時は重富と江戸にいっしょに出てきて、幕府の天文方となった。それから至時は、寛政の改暦の作業の中心となって働いた。至時らがつくった新しい暦、「寛政暦」は3年後にできた。
　江戸に来たばかりの至時に、入門を願ってゆるされたのが忠敬だった。至時は、19歳年上の忠敬をとても熱心に指導した。忠敬が「大日本沿海輿地全図」というみごとな日本地図をつくることができたのは、至時がそのきっかけをつくり、陰で支えたからである。
　至時は40歳の若さで死んだのに、多くの著書を残している。なかでも有名なのが『ラランデ暦書管見』だ。フランス人ラランデの天文学書をオランダ語訳したものを、日本語に翻訳した。たった半年で訳して出版した。
　このときの無理がたたって、翻訳した翌年、1804（文化1）年正月に病死した。長男の景保がその跡をついで、天文方の役人となった。

『ラランデ天文書』（下写真）。天文方が所有していた天文学の本で、もともとは外国の本だったものを、高橋至時が翻訳した。
（国立天文台所蔵）

間 重富 (1756－1816年)
～至時の仲間で天文学者～

　江戸時代後期の天文学者。
　大坂で質屋を営む商人の家に生まれた。子どものころから、算術や天文学に興味をもった。家業を手伝うかたわら、西洋の天文学を研究した。もっと天文学の勉強がしたいと考え、麻田剛立の塾に入った。おなじころに高橋至時も入門し、ふたりはよき仲間として学んでいった。重富は天体の観測器具を考え、改良するのが得意だった。職人を指導して、子午線儀、象限儀、垂揺球儀など、さまざまな器具をつくらせた。1795（寛政7）年、至時とともに幕府から江戸にまねかれ、寛政の改暦の仕事に参加した。暦局では、至時に入門した伊能忠敬の天体観測の指導もおこなった。
　忠敬が全国の測量の旅に出かけるときには、測量や観測について助言をし、測量器具をそろえるのに力を貸した。忠敬が日本地図を完成させた陰には、重富の大きな協力もあったのだ。
　幕府の「寛政暦」ができて使われるようになったあと、重富は大坂にもどり、天体観測や陸の測量をつづけた。60歳で亡くなった。

堀田 摂津守 正敦 (1755－1832年)
～忠敬を応援した幕府の有力者～

　江戸時代後期の大名。近江堅田藩（滋賀県）、のちに下野佐野藩（栃木県）の藩主。松平定信に登用され、1790（寛政2）年から42年間若年寄をつとめた。寛政の改革など政治に力をふるった。1793（寛政5）年、定信から「宝暦暦」の改暦をまかされた堀田は、大坂の麻田剛立一門にその仕事を頼もうと考えた。そして麻田の弟子、高橋至時と間重富を江戸にまねくことに成功した。至時らの取り組んだ改暦の仕事は順調に進み、「寛政暦」ができて施行された。
　至時の弟子、忠敬が蝦夷地へ測量の旅に出ることに、堀田は理解を示した。そして幕府として測量に許可を出してくれた。忠敬が全国の地図をつくることになる第1次測量が実現したのに、堀田は大きな力を貸してくれた。

知っておきたい

● 江戸幕府の役職

```
                ┌─ 大老
                │
                │          ┌─ 大目付
                ├─ 老中 ──┼─ 町奉行
                │          ├─ 勘定奉行
将軍 ──────┤          └─ 各地の奉行
                │
                ├─ 若年寄  老中の補佐
                │
                ├─ 寺社奉行
                │
                └─ 京都所司代
```

江戸時代は徳川家がつくった幕府が政治をおこなった。将軍の下に大老、老中などがいて、その下にも奉行などの役職があった。

坂部 貞兵衛 (1771－1813年)
～伊能測量隊のメンバー～

坂部貞兵衛は、幕府の暦局で高橋景保の下で働いていた。35歳のとき、忠敬の第5次測量、中国地方の旅に隊員として参加した。坂部はとてもまじめな性格で、忠敬の仕事をよく理解して働いた。第6次からは、忠敬や隊員たちから大きな信頼をうけるようになった。

貞兵衛は現地での測量だけでなく、夜になって宿舎で測量結果を整理するときも積極的に協力した。忠敬が本隊を指揮し、坂部は支隊の隊長となり、測量をどんどん進めていった。

1813（文化10）年、第8次測量で長崎県五島を測量中にチフスにかかって倒れた。かけつけた忠敬にみとられて、42歳の生涯を終えた。

忠敬は、坂部の遺体を福江島の宗念寺に手あつくほうむった。忠敬は、隊員一同を福江島に集め、7日間仕事を休んで、坂部に弔意をあらわし、隊のその後をどうするか相談したという。忠敬は坂部を失ったことを、長女のイネに手紙で報告した。手紙にはこう書いた。
「鳥がつばさをなくしたのもおなじで、大いに力を落とし、嘆き悲しんでいます」

高橋 景保 (1785－1829年)
～高橋至時の長男～

高橋至時の長男。父から天文学・暦学を学んでいた景保は、1804（文化1）年に亡くなった父を継いで天文方の役人に任命された。若かったが才能にめぐまれており、後見役・間重富の助けも借りて、暦局の仕事をりっぱにこなした。景保は、忠敬の第5次以降の測量と、地図づくりを監督する立場となった。忠敬という人間をとても尊敬していて、監督するというより全面的に応援した。伊能隊と幕府との交渉もきちんとやってのけた。

忠敬が亡くなってからは、忠敬の測量記録をもとに、日本全国の地図を完成させるために、先頭に立って働いた。そして「大日本沿海輿地全図」をりっぱに完成させた。

1807（文化4）年、景保は幕府から世界図の制作を命じられた。イギリスのアロースミスの世界図を原図とし、間重富の調査や馬場佐十郎が翻訳した世界地理書を参考にしてつくった。

1814（文化11）年には、江戸城内の文書館、紅葉山文庫を管理する役、書物奉行に任命された。

しかし1828（文政11）年10月、シーボルトに日本地図を贈った罪で捕らわれ、つぎの年に獄中で死んだ。44歳だった。

8章 忠敬を支えた人たち

間宮 林蔵（1780－1844年）
～蝦夷地の海岸線を実測した人～

　忠敬の「大日本沿海輿地全図」の完成には、間宮林蔵の働きが大きかった。もし林蔵がやった蝦夷地海岸線の測量記録がなければ、忠敬の日本地図は「不測量地」がある未完成の地図となっていたのだ。

　忠敬は第1次測量、蝦夷地への旅の終わりに箱館（函館）で会った。林蔵は忠敬の測量の旅に興味をもっており、測量方法や測量器具についていろいろと話を聞いた。このときの出会いが、11年後の再会につながる。

　林蔵は常陸国上平柳村（茨城県）の農家の子に生まれた。子どものころから算術が得意で、村では頭がよい子だと評判だった。

　16歳のときに江戸に出て、村上島之丞に入門して地理学を学んだ。そして村上の弟子となり、蝦夷地、国後島、択捉島などの測量を手伝った。21歳のとき、「蝦夷地御用雇」として蝦夷地にいて、箱館村で忠敬と会った。

　1808（文化5）年、26歳のとき、幕府の命令で松田伝十郎と樺太探検をした。そして樺太と大陸のあいだに海峡があることを発見した。これが間宮海峡である。

　1811（文化8）年、32歳の林蔵は江戸にあった忠敬の家をたずね、天体観測術と測量術の教授を頼んだ。林蔵は忠敬の家に泊まりこみ、忠敬の指導を受けた。そして、5年間をかけて蝦夷地の測量をおこなったのだ。林蔵は蝦夷地の全海岸線を歩き、しっかりと実測をおこなった。

　忠敬からゆずりうけた器具を使い、緯度を測定して誤差の修正をくり返していた。その測量記録はとても正確なもので、忠敬の日本地図制作になくてはならないものとなった。

　1828（文政11）年のシーボルト事件では、事件が発覚するきっかけとなる情報を幕府に知らせた。その後密貿易の探索などをつとめ、65歳で亡くなった。死んだときの職名は、勘定奉行に属する「御普請役」だった。

日本最北端の地、稚内には間宮林蔵の像が建つ。手には測量の鉄鎖をもつ。樺太はロシアと隔てられた島であることを発見。その海峡が間宮海峡である。
（稚内市建設産業部観光交流課）

9章 伊能図はその後どうなったか

シーボルト事件が起きた

　忠敬が亡くなって10年後のことだ。オランダ商館付きの医師、シーボルトが伊能図の写しを国外にもち出そうとして見つかった。

　ふだんは長崎にいたシーボルトは、江戸へ旅行する機会があり、そこで高橋景保と知り合った。景保はヨーロッパや世界のようすを、もっと知りたいと思っていた。ふたりが意見交換をしているうちに、シーボルトは西洋の本を景保にゆずり、景保は伊能図を贈ることにしようと決まった。日本地図を外国人にわたすことは禁じられていた。しかし景保は危険をおかしても、貴重な外国の本がほしかったのだ。

　1828（文政11）年8月、シーボルトはオランダに帰国するため、集めた日本の産物、資料をオランダ船に積みこんだ。ところが8月9日の夜、台風が長崎を襲い、長崎港には高波がおしよせた。多くの船が流され、オランダ船もいかり綱が切れて流され、海岸に乗り上げた。

　長崎の役人が船の積み荷を調べていると、国禁の日本地図が見つかった。シーボルトがもち帰ろうとしていたことがわかった。だれが贈ったのか、探索がおこなわれ、高橋景保が捕り方につかまった。

　シーボルトは、翌年国外追放となった。景保はきびしい取り調べのなかで獄死した。これがシーボルト事件である。

イギリス海軍が伊能図におどろいた

　シーボルト事件の30年後のこと。イギリス海軍の艦隊が日本にきて、日本沿岸の測量を始めた。軍艦が房総の館山沖にいたとき、連絡のために乗りこんだ幕府の役人は、伊能小図をもっていた。それを見たイギリス海軍の艦長は、伊能図がじつに正確で、美しく描かれているのに驚嘆した。伊能図があれば、沿岸をあらためて測量することは要らない。

　艦長は幕府と交渉して、伊能図をゆずりうけた。そして測量調査をやめて、さっさと本国へ帰ってしまったのである。

伊能図のあとにつくられた地図

●「日本輿地図藁」 1809（文化6）年

　高橋景保が幕府の命令でつくった地図。本州と四国は伊能図をもとにつくられているが、九州は実測によらないほかの資料をもとにつくられた。

●「官板実測日本地図」 1867（慶応3）年

　樺太と蝦夷地（北海道）北部は伊能図ではないが、ほかは伊能図の小図をそのまま木版にして刷られたもの。

●「大日本地図」 1871（明治4）年

　川上寛がつくった地図。
　伊能図をもとに日本地図を描き、樺太、南千島、琉球（沖縄県）は別の資料をもとにつくったもの（P.61）。

9章　伊能図はその後どうなったか

▼大日本地図

川上寛は洋画家であり、美しい色合いの地図。明治政府がつくったもので、伊能図をもとにしている。

（国立国会図書館所蔵）

▲小学必携日本全図

1877(明治10)年。伊能図をもとにつくられた小学生用の日本地図。（国立国会図書館所蔵）

▶輯製二十万分之一図
(P.63)

明治20年代に完成。陸軍参謀本部測量局の制作。この地図は伊能図をもとにつくられ、昭和の時代まで使われた。（国立国会図書館所蔵）

やってみよう
みなさんが使っている地図について調べてみよう

9章　伊能図はその後どうなったか

伊能図は108年間生きつづけた

　伊能図は、もともと手描きでつくられた。それを手描きで写し取られ、複製がつくられたものである。それがはじめて木版によって多くの部数が刷られたのは、「官板実測日本地図」である。明治が始まる前年の1867（慶応3）年に、伊能小図をもとに刷られた。伊能図が刊行された最初のものだが、木版で高価だったため庶民が自由に買って使うものではなかった。

　1884（明治17）年、陸軍参謀本部測量局（いまの国土地理院）は、一般の人も利用できる地図をつくりはじめた。「輯製二十万分之一図」である。

　この地図は伊能図をもとにつくられ、1893（明治26）年にできあがった。その後、三角測量によって新しい部分地図ができあがると、地図は少しずつおきかえられていった。最後におきかえられたのは「屋久島」で、1929（昭和4）年のことだった。

　伊能図は、実測でつくられた地図としてその正確さが信頼され、1929（昭和4）年まで108年間も生きつづけていたのだ。

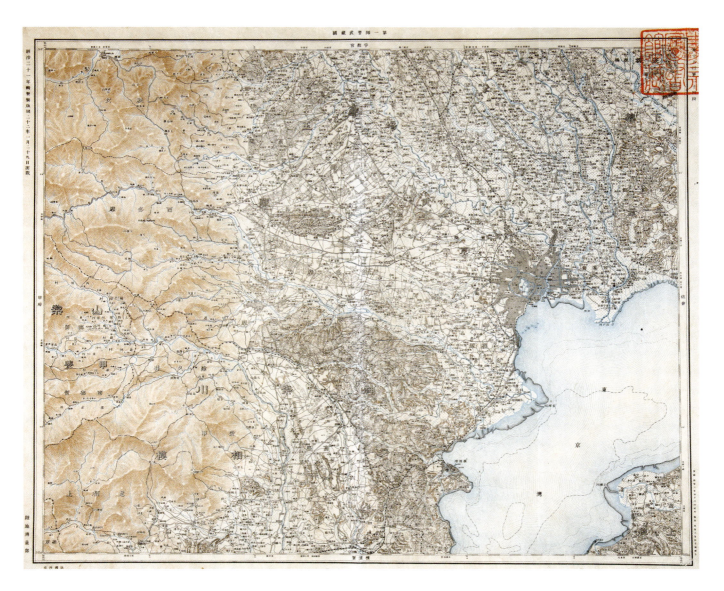

伊能忠敬　年表

年号	歳	伊能忠敬に関するできごと	日本のできごと
1745（延享2）年	0	上総国小関村の小関家に生まれる。名前は三治郎	徳川家重が第9代将軍になる
1751（宝暦1）年	6	母と死別。父は兄姉を連れて、父の実家にもどる	
1755（宝暦5）年	10	小堤村の父の実家（神保家）に引き取られる	幕府が新しい暦、「宝暦暦」をつくる
1757（宝暦7）年	12	常陸国の寺で、算術を学んだといわれる	
1761（宝暦11）年	16	常陸国土浦の医者に奉公し、医術を学ぶ	
1762（宝暦12）年	17	佐原村伊能家の婿養子となり、ミチを妻とする。名前を忠敬に改める	
1764（明和1）年	19		高橋至時が生まれる
1766（明和3）年	21	長男・景敬が生まれる。凶作の佐原村で人びとを救う	
1769（明和6）年	24	米の販売、酒造りなど伊能家の商売が盛んになる	
1772（安永1）年	27	佐原村にて、川船運送をめぐる騒動に巻き込まれる	田沼意次が老中となり、経済が活発になる
1774（安永3）年	29	佐原村での騒動を『佐原邑河岸一件』にまとめる	前野良沢、杉田玄白の『解体新書』が刊行
1778（安永7）年	33	ミチと奥州旅行。ようすを『奥州紀行』にまとめる	
1779（安永8）年	34		長久保赤水「改正日本輿地路程全図」をつくる
1781（天明1）年	36	佐原村本宿組の名主として村役人になる	
1782（天明2）年	37	実父の神保貞恒が死去	冷害や洪水により全国的凶作。天明の飢饉が始まる。幕府が浅草に天文台を設置
1783（天明3）年	38	飢饉の対策に追われる。妻ミチが病死。地頭の津田氏より、苗字帯刀を許される	浅間山の大噴火、利根川の洪水で凶作。東北を中心に飢饉が深刻化
1784（天明4）年	39	村をまとめる村方後見となる。タネと再婚する	
1785（天明5）年	40	大坂方面から大量の米を買いつける	最上徳内らが千島列島を探検
1786（天明6）年	41	私財を投じて近在の人びとを飢餓から救う。次男の秀蔵が生まれる	
1787（天明7）年	42	大坂方面で買った米を江戸で売り、莫大な利益をあげる	徳川家斉が第11代将軍となる。老中松平定信による寛政の改革が始まる
1790（寛政2）年	45	妻タネが死去。ノブと再婚する。地頭の津田氏に隠居を申し出るが、認められず	
1792（寛政4）年	47		ロシアの使節が根室に来て通商を求める
1793（寛政5）年	48	伊勢参りの関西旅行に出かける。旅のようすを『旅行記』にまとめる	堀田摂津守正敦が、天文学者麻田剛立に改暦の仕事を相談する
1794（寛政6）年	49	隠居して家督を長男・景敬にゆずる	

年号	歳	伊能忠敬に関するできごと	日本のできごと
1795(寛政7)年	50	妻ノブが死去。江戸に出て天文学者高橋至時の弟子となる	高橋至時と間重富は幕府天文方となり、江戸浅草の暦局に入る
1798(寛政10)年	53	エイと再婚する	高橋至時と間重富が取り組んでいた「寛政暦」が完成し、この年より使われる
1799(寛政11)年	54	忠敬は緯度1度ぶんの距離を出すため、自宅の緯度を調べ、自宅と浅草暦局の間を歩測で測って距離を出した	東蝦夷地が幕府の直轄地になる
1800(寛政12)年	55	幕府から蝦夷地測量の許可をもらう。奥州街道と蝦夷地東南岸を測量（第1次）	蝦夷地にて間宮林蔵が忠敬と出会う
1801(享和1)年	56	幕府から苗字帯刀を許される。本州東岸を測量（第2次）	
1802(享和2)年	57	奥羽・越後を測量（第3次）。第2次、第3次の2つの旅で緯度1度ぶんの長さを28.2里と計算して出す	十返舎一九の『東海道中膝栗毛』が刊行開始
1803(享和3)年	58	東海から北陸を測量（第4次）。糸魚川で現地役人とトラブルとなり、勘定所にうったえられる。忠敬の出した緯度1度ぶんの長さが正しいとわかる	高橋至時が『ラランデ暦書管見』を著す
1804(文化1)年	59	「日本東半部沿海地図」をつくって幕府に提出する。将軍家斉がその地図を閲覧する。幕臣に取り立てられる	高橋至時が40歳で病死。至時の長男・高橋景保が天文方の役人になる
1805(文化2)年	60	中国地方を測量（～1806年／第5次）。測量の旅は幕府の事業となる。坂部貞兵衛がこの旅から隊員として参加	
1807(文化4)年	62		蝦夷地がすべて幕府の直轄地になる
1808(文化5)年	63	四国地方を測量（～1809年／第6次）	間宮林蔵が樺太を探検する
1809(文化6)年	64	九州地方を測量（～1811年／第7次）	高橋景保が伊能図をもとに「日本輿地図藁」をつくる
1811(文化8)年	66	間宮林蔵に天体観測と測量を教授する	
1812(文化9)年	67	九州と島々を測量（～1814年／第8次）	
1813(文化10)年	68	長男・景敬が死去。隊員の坂部貞兵衛が五島列島で死去	
1814(文化11)年	69	自宅を八丁堀亀島町に移し「地図御用所」とする	滝沢馬琴の『南総里見八犬伝』が刊行開始
1815(文化12)年	70	弟子たちが伊豆七島を測量（～1816年／第9次）	
1816(文化13)年	71	江戸府内を測量（第10次）「大日本沿海輿地全図」の作成に取りかかる	間重富が60歳で死去
1817(文化14)年	72	間宮林蔵から蝦夷地の測量記録を受け取る	
1818(文政1)年	73	八丁堀亀島町の自宅で死去。浅草源空寺の高橋至時の墓のとなりに葬られる	
1821(文政4)年		友人、天文方役人、内弟子らの協力で「大日本沿海輿地全図」が完成して幕府にさし出す	高橋景保のもと「大日本沿海輿地全図」完成
1828(文政11)年			シーボルト事件。高橋景保が投獄される

さくいん

あ

青木勝次郎 …………………………………… 42、53
麻田剛立 ………………………………… 16、56、57、64
浅間山夜分大焼之図 …………………………………… 15
麓絵図 …………………………………………………… 53
アロースミス ………………………………………… 58
石川流宣 …………………………………………… 4、6
伊豆国図 ……………………………………………… 39
緯線 ……………………………………………………… 5
緯度 ………… 8、18、19、20、24、28、32、38、49、53、
59、65
浦島測量之図 ……………………………………… 35、38
閏月 ……………………………………………………… 33
衛星 ……………………………………………………… 41
蝦夷地 ……… 2、19、20、22、28、34、44、50、57、59、
65
江戸府内図 ……………………………………… 50、51

か

海岸線 …… 2、8、11、20、22、23、26、42、44、50、59
海峡 ……………………………………………………… 59
改正日本輿地路程全図 ……………………………… 5、6、64
街道 ………… 2、4、6、7、8、20、26、48、50、65
改暦 ……………………………………………… 16、56、57、64
葛飾北斎 ………………………………………………… 17
川上寬 …………………………………………… 60、61
勘定奉行 ………………………………………… 26、57、59
観星鏡 …………………………………………………… 32
寛政の改革 ……………………………………… 57、64
寛政暦 …………………………………………… 33、56、57、65
寛政暦書 ………………………………………………… 33
観測 ………… 17、19、20、24、25、30、32、33、38、41、
44、49、57
官板実測日本地図 ………………………………… 60、63
九州沿海図 ……………………………………………… 43
行基図 …………………………………………………… 4
空中撮影 ………………………………………………… 49
空中写真測量 …………………………………………… 49
鯨尺 ……………………………………………………… 10
国絵図 ……………………………………………… 4、5、54
久保木清淵 ……………………………………………… 10
クロノメーター ………………………………………… 38
経線 ……………………………………………………… 5
経度 …………………………………… 8、18、38、49、53
月食 ………………………………………………… 8、38
間竿 ……………………………………………………… 22
間縄 ………… 22、23、24、26、29、30、34、35、52

さ

交会法 …………………………………………… 36、37
恒星 ………………………………………… 8、32、38、44
御用旗 …………………………………………… 20、27
暦 ……………………………………………… 16、33、56

坂部貞兵衛 ………………… 41、42、46、47、48、58、65
坂部八百次 ……………………………………………… 48
三角測量 ………………………………………………… 2、63
三治郎 ………………………………………… 12、13、14、64
ＧＰＳ …………………………………………………… 49
シーボルト ……………………………………… 58、59、60、65
子午線 ………………………………………………… 18
子午線儀 ………………………………………… 38、57
磁石 ……………………………………………………… 31
下図 ……………………………………………… 52、54
実測 ……………………………………… 2、20、50、59、60、63
芝山伝左衛門 ………………………………………… 42
下河辺政五郎 ………………………………………… 50
輯製二十万分之一図 …………………………… 62、63
十二支 …………………………………………… 33、36
縮尺 ………………………………………… 4、5、10、51、54
小学必携日本全図 …………………………………… 62
象限儀 …………………………………………… 32、38、57
小象限儀 ………………………………………… 32、34、35
小図 ………………… 8、10、29、53、54、55、60、63
正保国絵図 ……………………………………………… 4
正保日本総図 …………………………………………… 4、5
食現象 …………………………………………………… 41
人工衛星 ………………………………………………… 49
垂揺球儀 ………………………………………………… 57
世界図 …………………………………………………… 58
世界地理書 ……………………………………………… 58
赤道 …………………………………………………… 18
赤道北恒星図 ………………………………………… 17
先事館 ………………………………………………… 56
測線 …………………………………………… 29、52、53、54
測量器具 ………………………………… 2、22、24、30、59
測量風景 ………………………………………… 24、35
測量風景の素描画 ……………………………………… 24

た

大図 …………………………… 8、10、29、39、54、55
大日本沿海実測録 ……………………………………… 10
大日本沿海輿地図 ……………………………………… 37
大日本沿海輿地全図 …………… 2、5、8、9、10、50、53、56、
58、59、65
大日本大絵図 …………………………………………… 5、6

大日本地図 …………………………………………… 60、61
太陽 ………………………………………………………… 17
高橋景保 ……………………………… 41、48、58、60、65
高橋至時 …… 2、16、17、26、27、29、31、33、50、56、
　　　　　　　　　　　　　　　　　　　57、58、64、65
地球 ………………………………………… 2、8、17、18、28
地形図 ……………………………………………………… 49
地図合印 …………………………………………………… 53
地図記号 ………………………………………… 49、53、54
地平線 ……………………………………………………… 18
中象限儀 ………………………………………………… 32、38
中図 …………………… 8、9、10、29、37、39、53、54、55
地理学 …………………………………………………… 7、59
杖先羅針 ………………………………………………… 31、36
月 ……………………………………………………… 17、33
手当金 ………………………………………… 24、25、40
鉄鎖 ………………………………………… 30、34、35、52、59
天球儀 ……………………………………………………… 17
電子基準点 ………………………………………………… 49
天体観測 …… 8、17、20、21、32、33、38、39、44、52、
　　　　　　　　　　　　　　　　　　　55、56、57、59、65
電波望遠鏡 ………………………………………………… 33
天明の飢饉 …………………………………………… 15、64
天文学 …………… 2、15、16、28、33、56、57、58、64、65
天文方 ………… 10、33、40、41、42、47、48、50、53、56、
　　　　　　　　　　　　　　　　　　　　　　　58、65
天文台 ……………………………………… 17、18、33、64
天文暦学 ……………………………………… 16、17、28、29、56
導線法 ………………………………………… 34、37、42
徳川家斉 ……………………………………………… 29、64
鳥越の不二 ………………………………………………… 17

な

永井甚左衛門 ……………………………………………… 50
長久保赤水 ……………………………………… 5、6、7、64
南極 ………………………………………………………… 18
日食 ………………………………………… 8、24、25、38、44
日本東半部沿海地図 ……………………………………… 29、65
日本輿地図藁 ……………………………………………… 60、65

は

幕臣 ………………………………………………………… 29
間重富 ……………………… 16、17、30、33、56、57、58、65
馬場佐十郎 ………………………………………………… 58
針穴 …………………………………………………… 52、54
半円方位盤 ………………………………………………… 31
平山郡蔵 …………………………………………………… 41
富士山 ……………………………………… 33、36、37、41

平板測量 …………………………………………………… 49
方位 ……………………………………… 31、33、36、37
方位線 ……………………………………………………… 54
方位盤 ………………………………………………… 22、29
望遠鏡 ………………………………………………… 32、38
宝暦暦 ………………………………………… 56、57、64
星 ……………………………………………… 13、17、19、32
歩測 …………………………………………… 19、20、34
北極 ………………………………………………………… 18
北極星 ………………………………………………… 18、32、38
堀田摂津守正敦 …………………………………………… 57、64
本朝図鑑綱目 ………………………………………………… 4
梵天 ……………………………… 24、26、29、30、34、35、36、52

ま

松平定信 …………………………………………………… 57、64
松田伝十郎 ………………………………………………… 59
間宮海峡 …………………………………………………… 59
間宮林蔵 ………………………………… 44、45、50、59、65
御手洗測量之図 …………………………………………… 47
宮尾三兵衛 ………………………………………………… 35
村上島之丞 ………………………………………………… 59
木星 …………………………………………………… 41、44

や

夜中測量之図 ……………………………………………… 38
横切り法 …………………………………………………… 42
吉田松陰 …………………………………………………… 7

ら

羅針儀 ………………………………………………… 31、36
羅針盤 ……………………………………………………… 31
ラランデ天文書 …………………………………………… 28、56
ラランデ暦書管見 ………………………………………… 56、65
リアス式海岸 ……………………………………………… 22
量程車 ………………………………… 22、26、31、35
暦学 …………………………………………………… 15、58
暦局 ………………… 16、19、28、30、33、34、41、46、48、57、
　　　　　　　　　　　　　　　　　　　　　　　58、65

わ

若年寄 ………………………………………………… 29、57
割円八線対数表 …………………………………………… 35
彎窠羅鍼 ………………………………………………… 31、36

67

国松俊英（くにまつとしひで）

児童文学作家。滋賀県生まれ。童話や児童小説、ノンフィクションの作品を書いている。日本児童文学者協会会員、日本児童文芸家協会会員、日本野鳥の会会員。おもな著書に『伊能忠敬　はじめて日本地図をつくった男』『坂本龍馬』『新島八重』（フォア文庫）、『鳥のくちばし図鑑』（岩崎書店）、『おかしな金曜日』（偕成社）、『スズメの大研究』（PHP研究所）、『手塚治虫』（ポプラ社）、『トキよ未来へはばたけ』（くもん出版）などがある。

編集　オフィス201（佐野聡美・新保寛子）　原かおり

装丁・デザイン　バラスタジオ

企画　岩崎書店編集部

写真提供　浅間火山博物館／伊能忠敬記念館／九十九里町教育委員会／九十九里町産業振興課／呉市／呉市入船山記念館／源空寺／神戸市立博物館（Photo：Kobe City Museum／DNPartcom）／国土地理院／国立国会図書館／国立天文台／国立天文台図書室／国立歴史民俗博物館／滋賀県蒲生郡日野町立図書館／東京国立博物館（Image：TNM Image Archives）／富岡八幡宮／美斉津洋夫氏／宮尾昌弘氏／稚内市建設産業部観光交流課

イラスト　堀江篤史

撮影　殿村忠博

地図　谷裕子

校正　黒石川由美

ロゴマーク作成　石倉ヒロユキ

調べる学習百科　伊能忠敬　歩いてつくった日本地図　NDC289

2016年2月29日　第1刷発行
2017年12月31日　第2刷発行

著　者　国松俊英

発行者　岩崎夏海

発行所　株式会社岩崎書店
〒112-0005　東京都文京区水道1-9-2
電話(03)3812-9131(営業)／(03)3813-5526(編集)　振替00170-5-96822
ホームページ　http://www.iwasakishoten.co.jp

印刷・製本　大日本印刷株式会社

©2016 Toshihide Kunimatsu
ISBN:978-4-265-08435-7　68p 22×29cm
Published by IWASAKI publishing Co.,Ltd　Printed in Japan
ご意見ご感想をお寄せ下さい　e-mail:hiroba@iwasakishoten.co.jp
乱丁本・落丁本は小社負担でおとりかえいたします。

本書のコピー、スキャン、デジタル化等の無断複製は著作権法上での例外を除き禁じられています。本書を代行業者等の第三者に依頼してスキャンやデジタル化することは、たとえ個人の家庭内での利用であっても一切認められておりません。